足球训练完全图解

传球与控球

（修订版）

［德］ 托马斯·杜利（Thomas Dooley）
克里斯蒂安·蒂茨（Christian Titz） 著　曾少宁 译

人民邮电出版社

北京

图书在版编目（C I P）数据

足球训练完全图解. 传球与控球：修订版／（德）托马斯·杜利（Thomas Dooley），（德）克里斯蒂安·蒂茨（Christian Titz）著；曾少宁译. -- 2版. -- 北京：人民邮电出版社，2020.10
ISBN 978-7-115-52830-8

Ⅰ.①足… Ⅱ.①托… ②克… ③曾… Ⅲ.①足球运动-运动训练-图解 Ⅳ.①G843-64

中国版本图书馆CIP数据核字(2020)第028056号

版权声明

Original Title: Soccer - Passing and Ball Control

Aachen: Meyer & Meyer Verlag 2010

免责声明

内 容 提 要

　　本书包含了84种可以提高运动员传球和控球技术的不同训练。书中的训练选取了快速高效的传球训练方法，其中包含了在跑动中反复训练直接传球以及控球的内容。每个训练和比赛都以彩色示意图和表格的形式呈现，可以帮助运动员更好地理解训练内容，同时还有利于教练正确地实施这些训练方法。

　　本书从简单的直线传球形式讲起，逐步深入到对抗时的传球形式。继而以真实比赛情形为出发点，阐述侧重于控球的传球形式，以及接近球门时的配合传球。本书不仅适用于初学者，同时也适用于能力较强的运动员。

◆　著　　[德] 托马斯·杜利（Thomas Dooley）
　　　　　克里斯蒂安·蒂茨（Christian Titz）
　　译　　曾少宁
　　责任编辑　裴　倩
　　责任印制　周昇亮

◆　人民邮电出版社出版发行　　北京市丰台区成寿寺路 11 号
　　邮编　100164　电子邮件　315@ptpress.com.cn
　　网址　https://www.ptpress.com.cn
　　北京天宇星印刷厂印刷

◆　开本：700×1000　1/16
　　印张：11.5　　　　　　　　　　2020 年 10 月第 2 版
　　字数：272 千字　　　　　　　　2025 年 10 月北京第 15 次印刷
　　　　著作权合同登记号　图字：01-2015-7158 号

定价：59.80 元

读者服务热线：(010)81055296　印装质量热线：(010)81055316
反盗版热线：(010)81055315

目录

目录

　　当我开始构思这本训练教材时，我很快就对这个主题着了迷。在此之前，我从未看过一本关于执教主题的书。最后，我们完成了这本书。本书让人印象深刻的地方在于，书中的各个章节都通过大量的训练和练习阐述了执教的各个方面。我认为，这是一本简单且独特的书，对于对足球感兴趣的运动员来说是一本不可或缺的图书。同时，书中的这些执教理念已经通过大量实践得到了验证。

　　本书将完整阐述这个执教主题。另外，我们还将提供针对不同年龄层次运动员的执教训练以及面向教练和运动员的大量练习与技巧。就我个人看来，书中的所有内容都是非常重要的。仔细阅读本书时，读者会注意到我们在书中经常使用"他"来指代运动员。采用这种方式是为了让写作流程更简单，同时也代表所有的女性运动员。撰写本书的目的是能够面向所有对足球感兴趣的群体，没有性别之分。

　　在执教过程中，可以通过图解和文字描述来阐述在比赛场地上与训练相关的合作关系。显然，如果没有组织的概念，就不可能实现成功的执教。

　　希望读者能够用心阅读和体会。

托马斯·杜利（Thomas Dooley）

第一部分
综述

传球/控球说明

按照所需的时间有规律地学习这些技术和跑动，同时在传球训练和小型附加赛中定期进行重复训练。

对于一名成功的足球运动员来说，准确传球是非常重要的。因此，必须训练传球和控球技术，并随时改正错误。

目前，针对尽可能以较少的触球方式来控球的特定训练非常少。能够正确完成这个技术意味着继续控球和丢球的差异。

传球的几种方式

- 使用内脚背。
- 使用正脚背。
- 使用外脚背。
- 使用脚前掌。
- 脚前掌技能的一种变化，就是所谓的让球大幅度旋转来实现的"香蕉球"。

进行传球时，要记住以下内容

1. 球员必须站在距离教练几米远的位置。
2. 必须清晰且缓慢地解释技巧。第一步是在球队面前解释。第二步是球队必须能够从后面看到该技术。
3. 开始时要缓慢进行，同时要使用双脚练习。
4. 可以把这个技术作为"纯训练"进行学习，这样运动员就可以学会所要求的技术和动作。

良好的执教方式

- 总是要求准确性和步法（速度慢并不保证在比赛中获得成功）。
- 解释训练内容，但不要导致信息过多（缺少关注点会导致额外的错误）。要保证在正确性和训练提速这两者之间找到恰当的平衡点。
- 运动员必须学会（在比赛中）观察，接着实践他们所观察到的方法。
- 不断地改正错误，确保错误的动作不会成为无意识的行为。
- 总是向运动员进行清晰且传神的讲解。
- 能力较强的球队可以处理与比赛相关的模拟压力情形（在比赛过程中大声讲话、提出批评等）。
- 始终要求队员集中全部精力。
- 教练的行为（身体语言、语音语调、惩罚方式）是训练质量的关键因素。

记住两个基本方面

1. 运动员的手臂在做什么？
2. 运动员的腿部和身体姿势是怎样的？

传球时所实施的技术和姿势

- 支撑腿必须在距离球30～40厘米的位置。
- 使用脚内侧传球时，足尖必须朝上，脚跟在绷紧的同时保持往外旋转90度。稍微抬起主动腿，用脚的中间位置击球。身体在球上方倾斜，但不能弓背。

- 上身在球上方稍微倾斜。
- 脚必须向下摆动。
- 手臂的姿势如下：从右边传球时，左臂必须朝右髋方向摆动；从左边传球时，右臂必须朝左髋方向摆动。
- 伸展传长球：足尖朝下，脚踝绷紧。
- 使用脚外侧踢球：可以稍微往后倾；使用脚趾外侧和脚外侧踢球时，可以踢旋转球。
- 使用脚内侧踢球：使用脚内侧并伸直腿部踢球，站立腿在球的旁边，同时运动员的上半身向侧面倾斜，足尖朝下，类似于捅球射门。
- 旋转传球：使用内侧足尖踢球，这样球会发生旋转，身体倾向一侧。
- 等待接球的运动员接近传球的运动员并在跑向球的过程中接住球，他必须以一次性触球的方式接住球或者直接传球。
- 必须将球传到等待接球的运动员的跑动路径上。
- 传球员瞄准好目标时就是接球运动员接住球的关键时刻。
- 必须在正确的一侧传球经过对手。运动员要想从对手的左侧传球过人时，他必须使用左脚内侧让球以曲线方式绕过对手。如果他使用右脚内侧从左边传球，那么球就很容易被拦截或者被迫传到侧边而不是场地深处。
- 因为运动员一定要掌握精湛的技术，所以需要根据运动员的水平时刻调整传球步法（儿童和初学者开始这样的训练时可以慢一些）。

接球和控球的技术与姿势
- 不可以用多于一次触球的方式接球和控球。
- 可以使用左脚或右脚、脚内侧或脚外侧接球。
- 在球触地时，运动员必须控球。如果控球恰当，那么球就不会反弹，而且运动员可以直接控球。
- 为了避免球弹开并确保接球和控球动作快速流畅，运动员必须在适当的时机采用恰当的技术来控球。
- 以接球和用右脚内侧控球为例，这些都是运动员必须在球触地时使用脚内侧控球的动作。因此，腿要从右侧摆动到左侧并摆动到球的方向。脚向下向球的方向移动并停球，防止球弹开（类似于射门时幅度较小的摆动动作）。身体的整个重量现在都放在左支撑腿上；上半身转向髋部的右边（右肩向后摆）。眼睛盯着球，身体也向着球倾斜。
- 使用脚外侧接球和控球时，脚部转动的角度较大。小腿在膝盖处向内弯曲，这样用脚的整个外侧击球。

可供选择的方式
- 练习从支撑腿后面朝左脚方向接球和控球。这个接球技术涉及一个瞬间将足球转到侧边的接球方式。可以使用脚内侧执行这个技术。这个技术可以以一次性触球的方式流畅地完成。支撑脚的方向转到来球的方向。在接触到球之前，另一只脚往后退（速度比球的速度稍微慢一些），这样就可以同时慢慢地接球和使用脚内侧控球。

以下是教练和运动员在指导/接受技能训练时必须注意的一系列标准。顺序没有相关性，这只是一个列表。

1. 较多的重复次数。
2. 正确实施。
3. 由易到难。
4. 规律性。
5. 运动员在宽松的氛围下训练。
6. 引入对抗性训练。
7. 构建小团队。
8. 完美的演示。
9. 个性化（能力强和能力弱的运动员一起训练）。
10. 纠错，注意细节。
11. 足够的器材（例如球等）。
12. 准确性优于速度。
13. 提高速度（从慢到快）。
14. 特定姿势。
15. 变化。
16. 双脚同时练习。
17. 展示替代方法。
18. 根据年龄和培养情况进行适当的训练。
19. 在可能的情况下，每个训练课程都包含这些内容。
20. 必须分开训练战术和技术。
21. 观察训练情形（天气、场地等），同时相应地调整训练。
22. 有趣。
23. "连锁"或者"整-分-整"方法（首先是传球训练，接着是传球组合）。
24. 赞扬和纠错。
25. 一旦运动员同时承受住了时间、空间、对手和同伴的施压，这名运动员就可能成为精英。
26. 重复练习100~150次。

——▶	传球	▲	小锥桶	▢	比赛场地
- - -▶	跑动	▲	锥桶	▣	定位球
∿∿▶	运球	⊥⊥	障碍	⊔	球门
⟹	射门	▲▲▲	迷你障碍	▤	体操箱子
⤵	交叉	○	铁环	▱	长凳
⚽	球	⚑	旗杆	▱	垫子
🧍	外场运动员	——	杆		
🧍	守门员	▦	梯子		
🧍	教练	⊗	健身实心球		

第二部分
训练

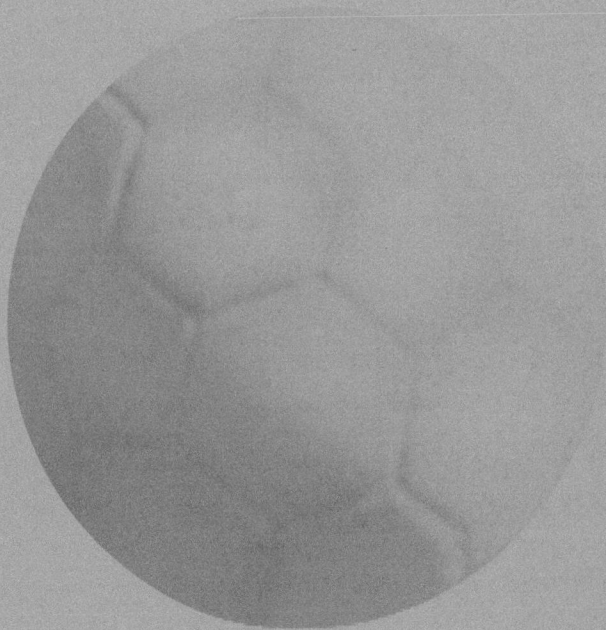

训练目的
- 球技（触球）

训练重点
- 传球
- 停球

训练方面

技能方面：	一脚传球、脚背内侧传球、脚内侧传球、正脚背
年龄层次：	6～14岁
难度级别：	初级
训练类型：	配对训练
训练架构：	热身、循序渐进
目标：	提高个人技能
参训运动员总数：	两名或者两名以上运动员
参加的运动员：	整支球队
训练场所：	任意
空间意识：	限定的比赛场地
时长：	10～20分钟
生理机能：	足球特定耐力

组织方式

如图所示，设置锥桶球门。运动员站在锥桶中间的位置。

过程

运动员使用右（左）脚背将球传给站在他们对面的搭档。接着搭档使用右（左）脚背控球并将球回传。

可供选择的方式

- 运动员使用右（左）脚背传球。他的搭档使用右（左）脚背停球、脚内侧回传球，接着向后绕锥桶跑动。
- 一只脚控球，另一只脚传球。
- 运动员间距2～3米。一脚触球传球。可以使用内脚背和外脚背传球。
- 通过"正脚背"、传中技术和外脚背改变传球方式。

诀窍

- 在控球时，支撑腿往往离球较远，因此，运动员的身体总是会向后倾斜。支撑腿必须在球一侧30～40厘米的位置。
- 在传球时，运动员的脚必须稍微抬起并朝球的方向向下摆动。
- 很多运动员使用他们的正脚背或者外脚背控球。一开始稍微弯曲脚背控球会更简单一些。

锥桶距离

垂直距离：10~15米。

水平距离：5~7米。

器材

4个或4个以上的锥桶。

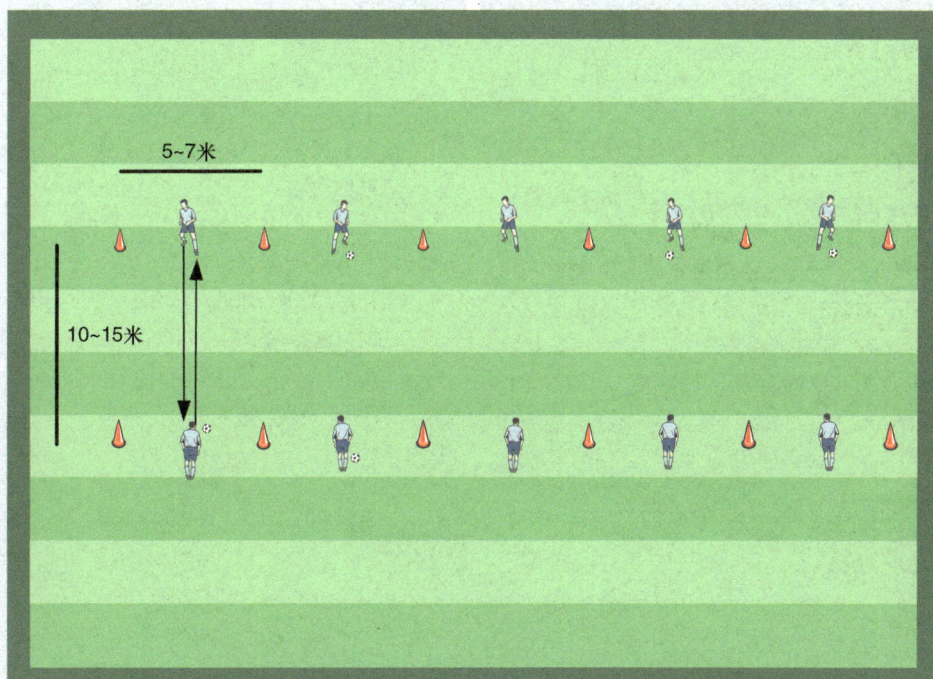

训练目的
- 球技（触球）

训练重点
- 传球
- 停球

训练方面

技能方面：	一脚传球、短传、脚背内侧传球、脚内侧传球、正脚背、脚外侧、停球、空中停球、跑动、跑动中的组合技术技能
年龄层次：	6~14岁
难度级别：	初级
训练类型：	配对训练
训练架构：	热身、循序渐进
目标：	提高个人技能
参训运动员总数：	两名或两名以上运动员
参加的运动员：	整支球队
训练场所：	任意
空间意识：	限定比赛场地
时长：	10~20分钟
生理机能：	足球特定耐力

组织方式

2名运动员站在2个间隔6~8米的锥桶后面来回传球。

过程

组织方式：2名运动员都站在锥桶后面。运动员A使用左脚内侧将球直接传给运动员B。运动员B使用左脚的右侧脚背停球并用左脚将球回传给运动员A。运动员A使用右脚控球并使用左脚将球回传。注意：1和3表示球的运动，2和4表示运动员的跑动。

诀窍

- 确保总是使用正确的脚控球和传球。
- 不要忘记同时训练两只脚。
- 在控球时，支撑腿总是在距离球较远的位置，因此，运动员的身体往往向后倾斜。支撑腿必须在球一侧30~40厘米的位置。
- 在传球和控球时，运动员的脚必须稍微抬起并朝球的方向向下摆动。

锥桶距离

　　垂直距离：6~8米。

　　水平距离：5米。

器材

　　4个或4个以上的锥桶。

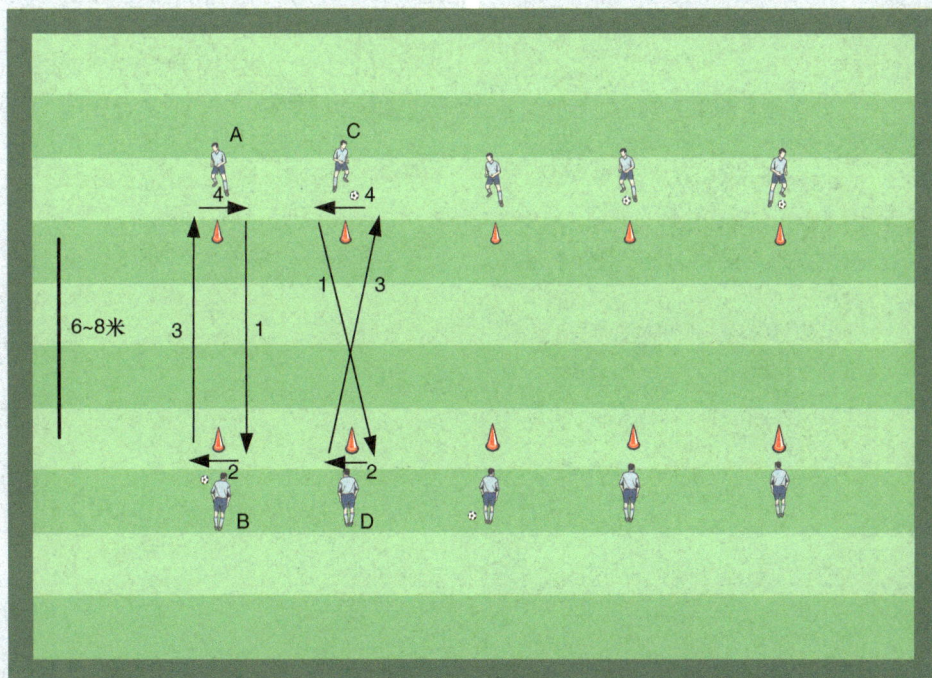

训练目的

- 球技（触球）

训练重点

- 传球
- 停球

训练方面

技能方面：		一脚传球、短传、长传、脚背内侧传球、脚内侧传球、正脚背、脚外侧、控制、控球、跑动、站立、跑动中的组合技术技能
年龄层次：		任意年龄层次
难度级别：		初级
训练类型：		配对训练
训练架构：		热身、循序渐进
目标：		提高个人技能
参训运动员总数：		两名或者两名以上运动员
参加的运动员：		整支球队
训练场所：		任意
空间意识：		限定比赛场地
时长：		10～15分钟
生理机能：		足球特定耐力

组织方式

如图所示，可以采用由2名运动员进行训练的矩形锥桶方格。

过程

2名运动员相互之间进行传球。

可供选择的方式如下。

- 使用内脚背/外脚背传球。
- 凌空抽射或者以正脚背传球。
- 从站立的（左边/右边）使用脚后跟传球。
- 使用胸部/头部/脚/腿控球并回传。

诀窍

- 两名以上的运动员一起完成这个训练时，必须以均等的间距放置锥桶。
- 在控球时，支撑腿的位置往往距离球较远，因此，运动员的身体经常向后倾斜。支撑腿必须在球一侧30～40厘米的位置。
- 在传球和控球时，运动员的脚必须稍微抬起并朝着球的方向向下摆动。

锥桶距离

垂直距离：5～30米。

水平距离：4～6米。

器材

4个或者4个以上的锥桶。

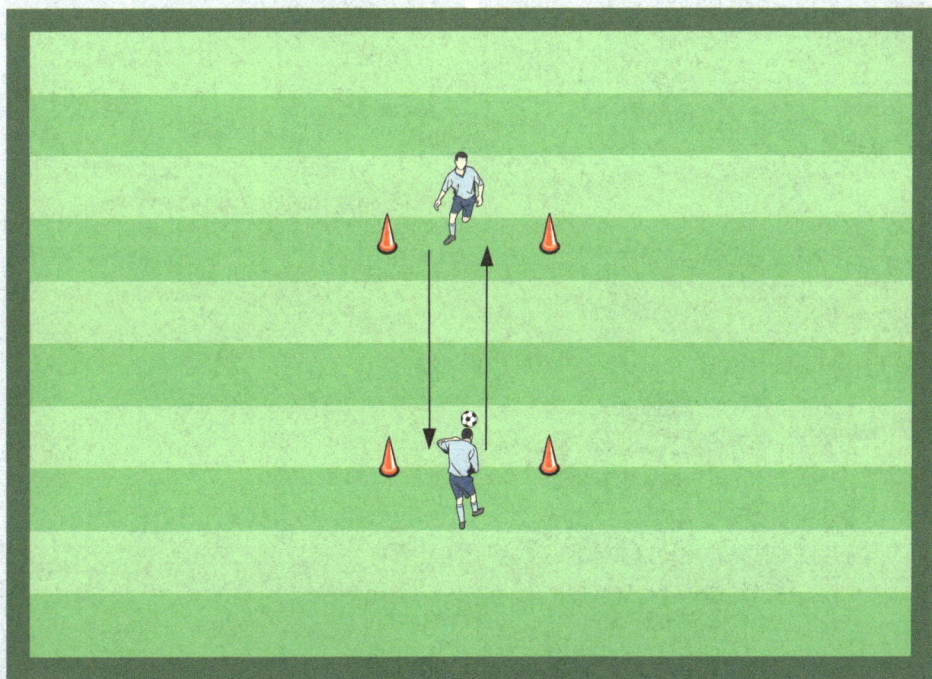

训练目的
- 球技（触球）

训练重点
- 传球
- 停球

训练方面

技能方面：	短传、长传、脚背内侧传球、脚内侧传球、正脚背、脚外侧、控球、跑动中的组合技术技能
年龄层次：	6~12岁
难度级别：	初级
训练类型：	配对训练
训练架构：	热身、循序渐进
目标：	提高个人技能
参训运动员总数：	两名或者两名以上运动员
参加的运动员：	整支球队
训练场所：	任意
空间意识：	限定比赛场地
时长：	10~20分钟
生理机能：	足球特定耐力

组织方式

　　2名运动员站在锥桶旁边互相传球。

过程

　　2名运动员可以以一次或者多次触球的方式传球。

可供选择的方式

- 使用内脚背控球，同时使用外脚背传球。
- 正脚背传球和传中技术。
- 地面传球。
- 空中传球。
- 使用外脚背传球。
- 通过头部来控制搭档抛过来的球，接着使用正脚背或内脚背将球回传。
- 通过大腿控制搭档抛过来的球，接着使用正脚背或内脚背将球回传。
- 通过胸部控制搭档抛过来的球，接着使用正脚背或内脚背将球回传。

诀窍

- 这个训练可以有很多种变化形式。
- 控球时，支撑腿的位置往往距离球较远，因此，运动员的身体经常向后倾斜。支撑腿必须在球一侧30~40厘米的位置。
- 传球和控球时，运动员的脚必须稍微抬起并朝着球的方向向下摆动。

锥桶距离

　　垂直距离：5～8米。

器材

　　2个或者2个以上的锥桶。

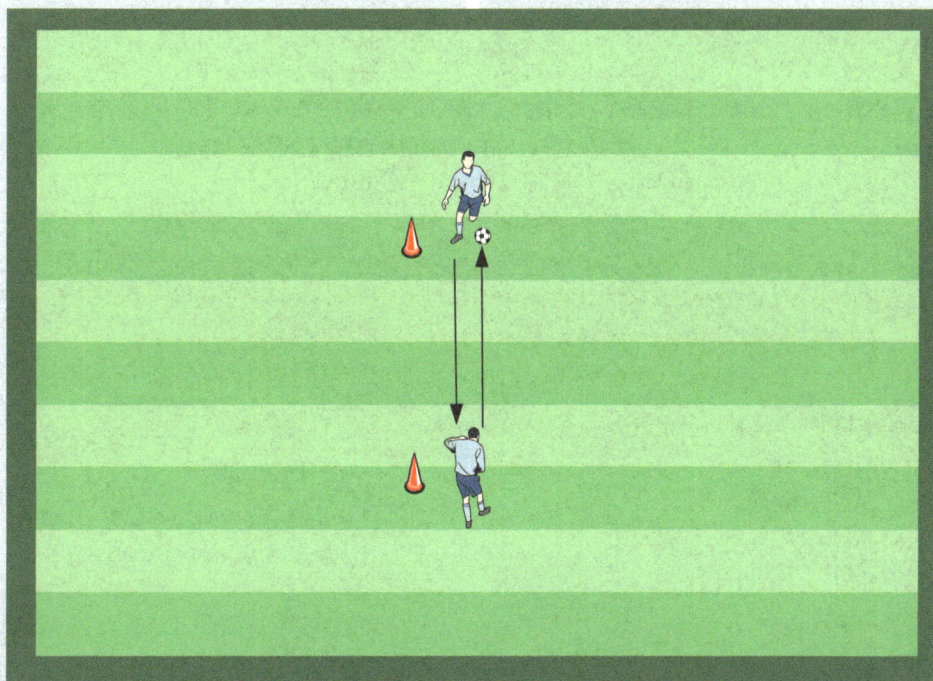

训练目的

- 球技（触球）

训练重点

- 传球
- 停球

训练方面

技能方面：	长传、脚背内侧传球、脚内侧传球
年龄层次：	6~12岁
难度级别：	初级
训练类型：	个人训练
训练架构：	循序渐进、总结
目标：	个人训练、提高个人技能
参训运动员总数：	一名或一名以上运动员
参加的运动员：	整支球队
训练场所：	任意
空间意识：	自由空间
时长：	10~15分钟
生理机能：	足球特定耐力、特定力量

组织

在距离小球门不同的位置放置1个锥桶。锥桶表示运动员的起点位置。可以根据运动员的能力水平缩短或增加锥桶与球门的距离。

过程

运动员在锥桶外开始训练，沿着地面或者在空中将球射进球门。如果运动员可以很轻松地射门，那么必须增加锥桶与球门之间的距离。根据运动员的能力水平，运动员可以从右前方或左前方射门。

足球的几种传球方式

- 使用内脚背。
- 使用正脚背。
- 使用外脚背。
- 使用传中技术。

诀窍

- 这个训练也可以采用两名运动员比赛的形式进行。运动员一个接着一个地将球射进球门。在一系列回合之后，射门得分最多的运动员成为获胜者。
- 支撑腿必须在球一侧30~40厘米的位置。
- 使用内脚背传球和控球时，传球的脚必须稍微抬起击中球的中间位置。运动员的身体必须在球的上方，同时不能向后倾斜。
- 在接触球时，必须摆动脚。
- 注意手臂的动作！使用右侧内脚背传球时，运动员的左臂必须摆动到右髋位置；反之亦然。
- 使用正脚背传球时，上半身稍微弯向球，脚踝舒展，同时足尖向下。

- 使用外脚背传球时，运动员的身体必须稍微向后倾斜。
- 使用传中技术传球时，运动员必须稍微斜向球的一侧，以对角的方向接近球。

锥桶距离

　　距离球门5～20米。

器材

　　1个锥桶，1个小球门。

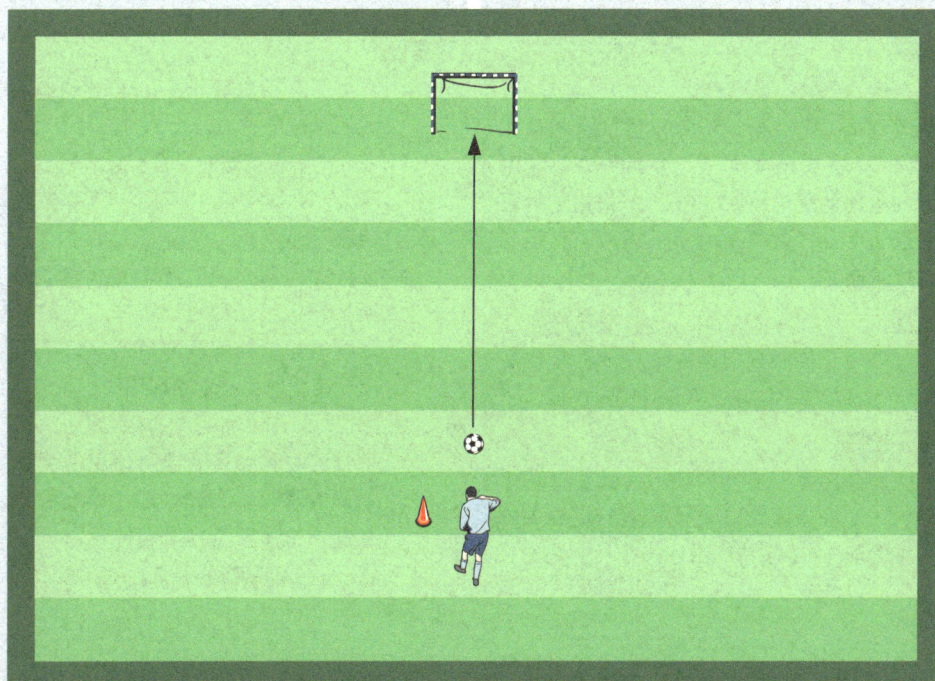

训练目的
- 球技（触球）

训练重点
- 传球

训练方面

训练方面	
技能方面：	长传
年龄层次：	6岁以上
难度级别：	专业级别
训练类型：	团队训练
训练架构：	总结
目标：	趣味训练、提高个人技能
参训运动员总数：	两名或者两名以上运动员
参加的运动员：	整支球队
训练场所：	任意
空间意识：	自由空间
时长：	10～15分钟
生理机能：	足球特定力量

组织

运动员站在锥桶旁边。教练（或者另1名运动员）站在与年龄为12岁的运动员相距大约10～15米的位置（年龄为13岁及以上的运动员应相距20～35米。根据年龄层次调整距离：运动员的年龄越大，相距的距离越远）。

过程

球在不接触到地面的情况下，运动员以长传的方式将球传给教练/搭档。

可供选择的方式

使用内脚背、传中技术或者正脚背传球。为了增加训练的难度，教练/搭档可以指定传球的方向。

诀窍

- 支撑腿必须对准球并在球一侧30～40厘米的位置。
- 使用内脚背传球时，足尖必须朝上，踝关节必须紧绷，同时上半身稍微倾向球。
- 使用脚前掌，同时传球的脚必须稍微抬起击中球的中间位置。带动身体向前倾斜而不是向后倾斜。（可以使用相同的技术实现控球。）
- 踢球时，脚必须跟着完成弧线动作。
- 手臂的动作也很重要：使用右侧内脚背传球时，左臂必须摆动到右髋位置；使用左侧内脚背传球时，右臂必须摆动到左髋位置。

- 使用外脚背传球时，运动员的身体稍微向后倾斜。
- 使用脚前掌传球时，运动员的身体可以稍微斜向球的一侧，以对角的方向接近球。

锥桶距离

与教练（或者搭档）的距离：10～35米。

器材

1个锥桶。

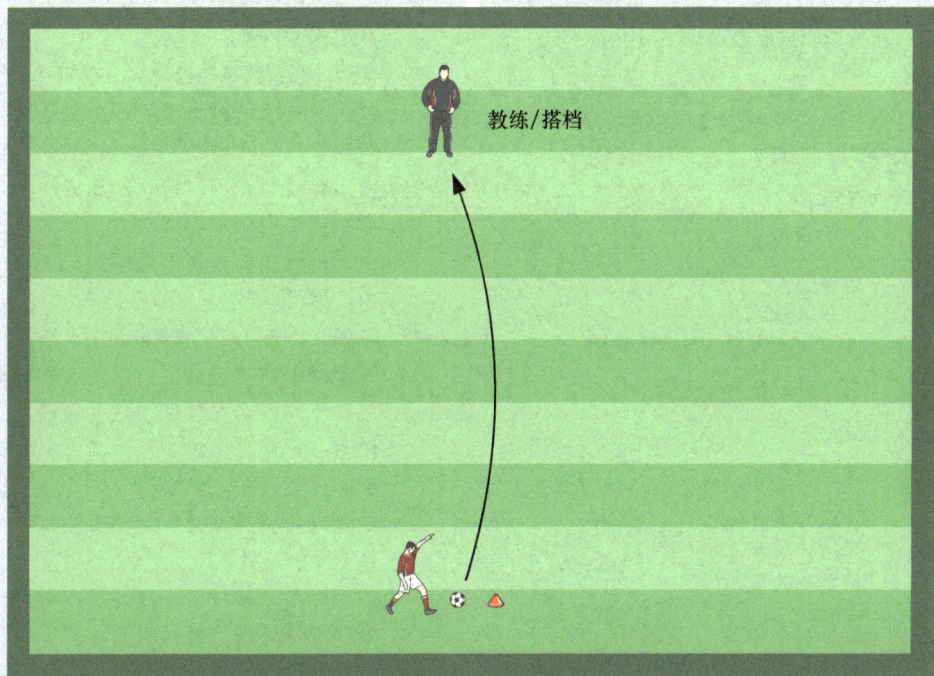

教练/搭档

训练目的
- 球技（触球）

训练重点
- 传球

训练方面

技能方面：	一脚传球、长传
年龄层次：	14岁 ~ 成年人
难度级别：	专业级别
训练类型：	个人训练
训练架构：	循序渐进，总结
目标：	提高个人技能
参训运动员总数：	一名或者一名以上运动员
参加的运动员：	整支球队
训练场所：	任意
空间意识：	禁区
时长：	10 ~ 15分钟
生理机能：	足球特定力量

组织

运动员带球站在16.5米的禁区边缘。在正常的球门里面放置1个小球门。

过程

运动员尝试向小球门的横梁和正常球门的横梁之间射门。

可供选择的方式

- 可以将锥桶往后面放置，从而增加与球门之间的距离。
- 这个训练也可以采用比赛的形式。两名或者更多的运动员轮流比赛，射门得分最多的运动员获胜。

几种传球的方式

- 使用内脚背。
- 使用正脚背。
- 使用外脚背。
- 使用脚前掌。
- "香蕉球"射门。

诀窍

- 支撑腿必须对准球并在球一侧30 ~ 40厘米的位置。
- 使用内脚背传球时，足尖必须朝上，踝关节必须紧绷，同时上半身稍微倾向球。
- 使用脚前掌，同时传球的脚必须稍微抬起击中球的中间位置。带动身体向前倾斜而不是向后倾斜。（可以使用相同的技术实现控球。）
- 踢球时，脚必须跟着完成弧线动作。
- 手臂的动作也很重要：使用右侧内脚背传球时，左臂必须摆动到右髋位置；使用左侧内脚背传球时，右臂必须摆动到左髋位置。
- 使用外脚背传球时，运动员的身体稍微向后倾斜。
- 使用脚前掌传球时，运动员以对角的方向接近球，触球时身体可以稍微斜向球的一侧。

锥桶距离

　　与球门的距离：16米。

器材

　　1个正常的球门、1个锥桶和1个小
球门。

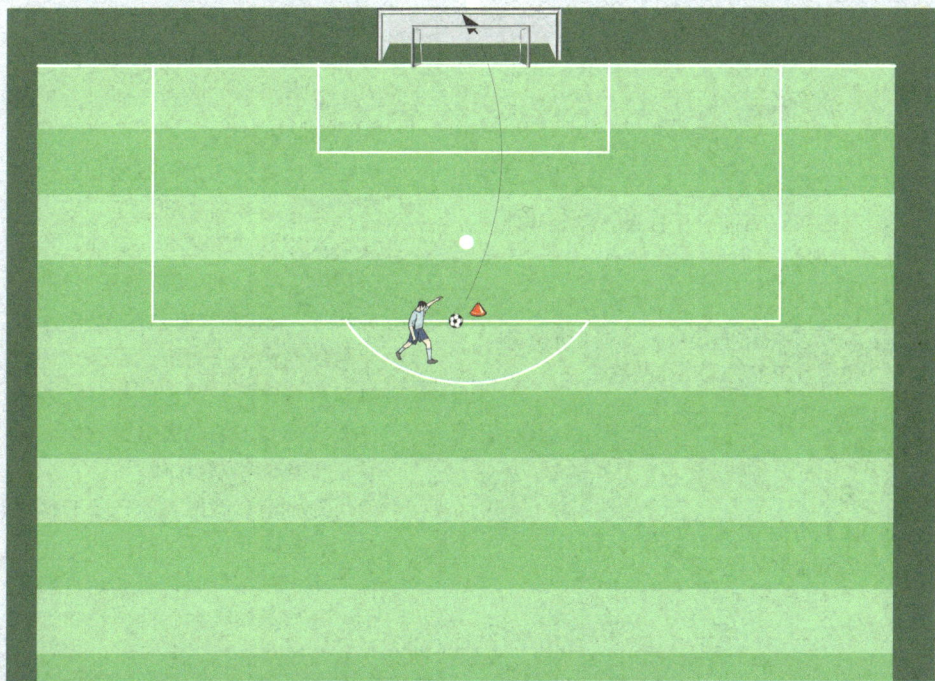

训练目的
- 球技（触球）

训练重点
- 传球

训练方面

技能方面：	一脚传球、长传
年龄层次：	13岁以上
难度级别：	专业级别
训练类型：	个人训练
训练架构：	循序渐进，总结
目标：	提高个人技能
参训运动员总数：	一名或者一名以上运动员
参加的运动员：	整支球队
训练场所：	任意
空间意识：	禁区
时长：	10~15分钟
生理机能：	足球特定力量

组织

运动员带球站在16.5米的禁区边缘。在正常的球门里面放置1个小球门。

过程

运动员尝试将球踢进小球门的球门柱和正常球门的球门柱之间的空间。

可供选择的方式

- 可以将锥桶往后面放置，从而增加与球门之间的距离。
- 这个训练也可以采用比赛的形式。2名或者更多的运动员轮流比赛，射门得分最多的运动员获胜。

几种传球的方式

- 使用内脚背。
- 使用正脚背。
- 使用外脚背。
- 使用脚前掌。
- "香蕉球"射门。

诀窍

- 支撑腿必须对准球并在球一侧30~40厘米的位置。
- 使用内脚背传球时，足尖必须朝上，踝关节必须紧绷，同时上半身稍微倾向球。
- 使用脚前掌，同时传球的脚必须稍微抬起击中球的中间位置。带动身体向前倾斜而不是向后倾斜。（可以使用相同的技术实现控球。）
- 踢球时，脚必须跟着完成弧线动作。
- 手臂的动作也很重要：使用右侧内脚背传球时，左臂必须摆动到右髋位置；使用左侧内脚背传球时，右臂必须摆动到左髋位置。
- 使用外脚背传球时，运动员身体稍微向后倾斜。
- 使用脚前掌传球时，运动员以对角的方向接近球，触球时身体可以稍微斜向球的一侧。

锥桶距离

与球门的距离：最远20米。

器材

1个正常的球门、1个锥桶和1个小球门。

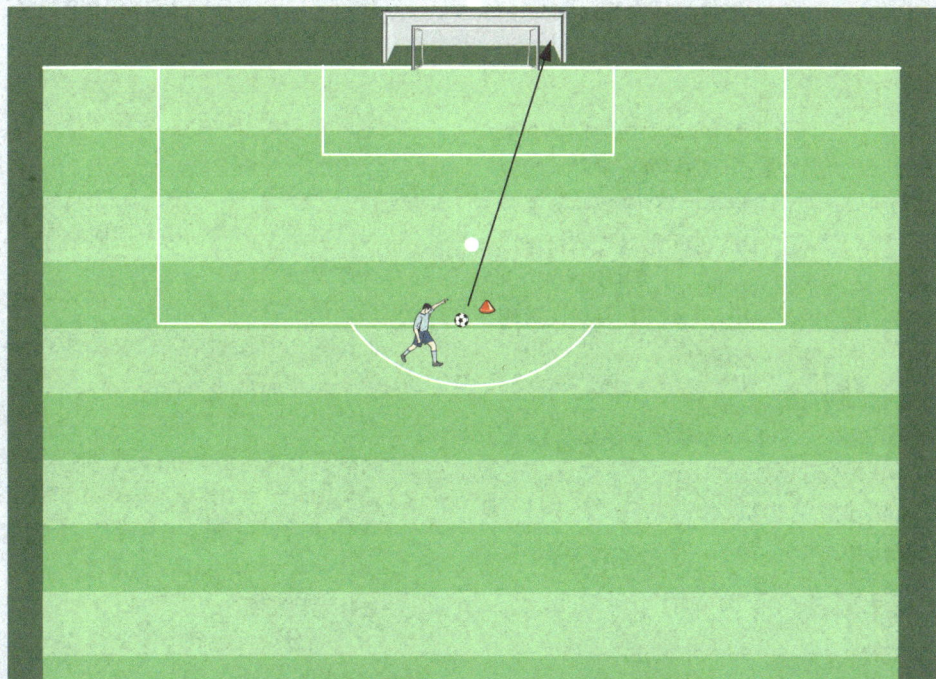

训练目的
- 球技（触球）

训练重点
- 传球
- 停球
- 控球

训练方面

技能方面：	短传、长传、停球
年龄层次：	9岁以上
难度级别：	任意
训练类型：	分组训练、团队训练
训练架构：	循序渐进、要点/重点
目标：	提高个人技能
参训运动员总数：	12名或者12名以上运动员
参加的运动员：	整支球队
训练场所：	任意
空间意识：	限定比赛场地
时长：	10～20分钟
生理机能：	足球特定耐力

组织方式

如图所示，使用8个锥桶设置相邻的3个方格（每个方格的大小为10米×10米）。

过程

每个方格里面有4名运动员。中间方格里的运动员要拦截自己方格外面的运动员传过来的球。两边方格里的每1名运动员都带有1个球。两边方格里的运动员尝试将球传给另一边方格里的运动员。如果中间方格的运动员拦截了传球，那么他就可以从中间区域出来，并与传出偏离球的运动员交换位置。

可供选择的方式

12名以上的运动员参加这个训练。
可以有几种传球方式。
- 使用内脚背。
- 使用正脚背。
- 使用外脚背。
- 使用脚前掌。
- "香蕉球"射门。

诀窍

- 两边方格里的运动员必须密切关注中间方格的运动员，同时两边方格里的运动员必须通过叫喊或者眼神与另一边方格里的搭档进行沟通。
- 传球的时机至关重要。
- 支撑腿必须对准球，同时在球一侧30～40厘米的位置。
- 使用内脚背传球时，足尖必须朝上，踝关节必须紧绷，同时上半身稍微倾向球。
- 使用脚前掌，同时传球的脚必须稍微抬起击中球的中间位置。带动身体向前倾斜而不是向后倾斜。（可以使用相同的技术实现控球。）

在踢球时，脚必须跟着完成弧线动作。
- 手臂的动作也很重要：使用右侧内脚背传球时，左臂必须摆动到右髋位置；使用左侧内脚背传球时，右臂必须摆动到左髋位置。
- 使用外脚背传球时，运动员的身体稍微向后倾斜。
- 使用脚前掌传球时，运动员以对角的方向接近球，触球时身体可以稍微斜向球的一侧。

锥桶距离

> 垂直距离：10米。
> 水平距离：10米。

器材

> 8个锥桶。

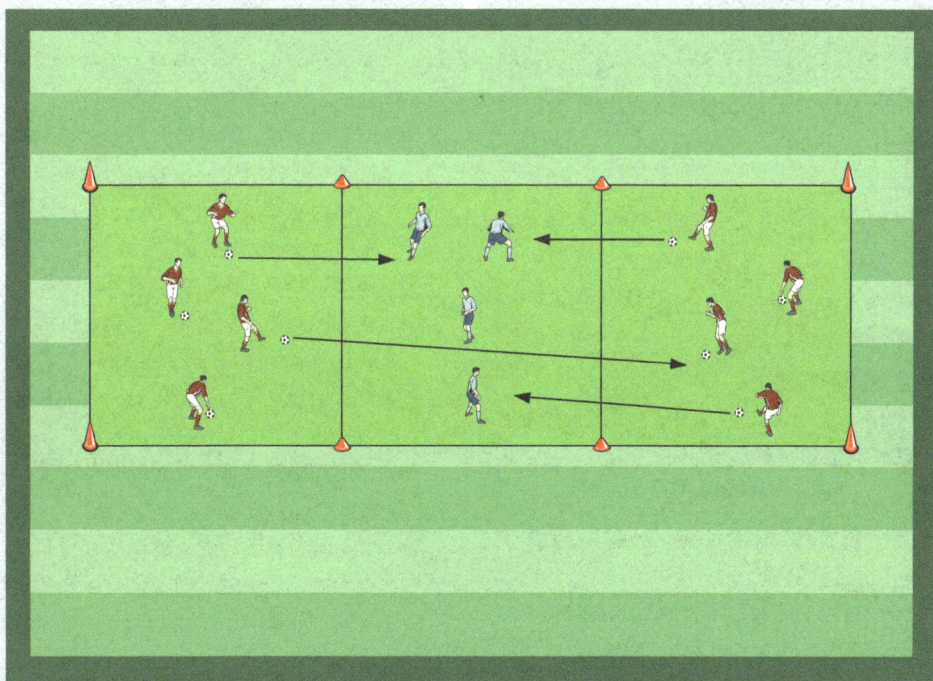

训练目的
- 球技（触球）

训练重点
- 传球
- 停球

训练方面

技能方面：	一脚传球、脚背内侧传球、脚内侧传球、正脚背传球
年龄层次：	9~14岁
难度级别：	任意
训练类型：	分组训练、团队训练
训练架构：	热身、循序渐进
目标：	趣味训练、提高个人技能
参训运动员总数：	8名或者8名以上运动员
参加的运动员：	整支球队
训练场所：	任意
空间意识：	限定比赛场地
时长：	10~15分钟
生理机能：	足球特定耐力

组织

场地大约是20米×20米。选定配对的运动员，配对的运动员间距20米并面对面地站立。

过程

踢球——运动员之间互相传球。2名运动员使用1个球。穿蓝色球衣的运动员必须尽可能沿着通道传球，以免穿红色球衣的运动员击中球。

可供选择的方式

作为这个训练的热身，可以让运动员配对练习通道传球。

诀窍

- 要找准传球的时机。（使球马上或晚些通过。）
- 支撑腿必须对准球，并在球一侧30~40厘米的位置。

- 使用内脚背传球时，足尖必须朝上，踝关节必须紧绷，同时上半身稍微倾向球。
- 使用脚前掌，同时传球的脚必须稍微抬起击中球的中间位置。带动身体向前倾斜而不是向后倾斜。（可以使用相同的技术实现控球。）
- 踢球时，脚必须跟着完成弧线动作。
- 手臂的动作也很重要：使用右侧内脚背传球时，左臂必须摆动到右髋位置；使用左侧内脚背传球时，右臂必须摆动到左髋位置。
- 使用外脚背传球时，运动员的身体稍微向后倾斜。
- 使用脚前掌传球时，运动员以对角的方向接近球，触球时身体可以稍微斜向球的一侧。

锥桶距离

垂直距离：20米。

水平距离：20米。

器材

4个锥桶。

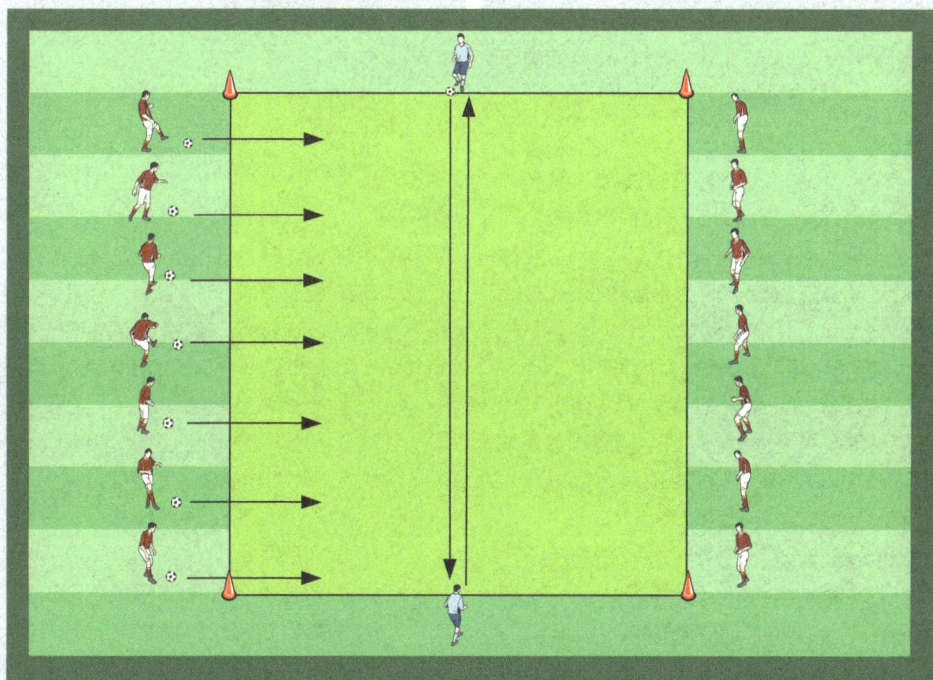

训练目的

- 球技（触球）

训练重点

- 传球
- 停球

训练方面

技能方面：	一脚传球、传球经过多个位置、短传、控球、跑动
年龄层次：	6岁以上
难度级别：	高级
训练类型：	分组训练、团队训练
训练架构：	循序渐进
目标：	提高个人技能
参训运动员总数：	12名或者12名以上运动员
参加的运动员：	整支球队
训练场所：	任意
空间意识：	限定比赛场地
时长：	10~20分钟
生理机能：	足球特定耐力

组织

设置30米×25米的方格。12名运动员在方格里面参加训练，同时分别以数字1~12为运动员编号。

过程

运动员1和运动员7站在起始点的位置，同时每个人分别带1个球。他们将球传给下一个比他们大的编号，例如，运动员1将球传给运动员2，运动员2传给运动员3，运动员3传给运动员4等。同时，运动员7将球传给运动员8，运动员8传给运动员9等。

在训练一开始，每名运动员至少可以二次触球（不是一次触球）。随着训练水平的逐步提高，接下来可以采用一次触球的方式。

可供选择的方式

运动员1、运动员5和运动员9每个人都带着一个球开始训练（总共是3个球）。

运动员和球的数目是可以变化的。可以根据难度级别进行调整。

几种传球的方式

- 使用内脚背。
- 使用正脚背。
- 使用外脚背。
- 使用脚前掌。
- "香蕉球"射门。

诀窍

- 精确的传球对于成功的足球运动员来说是非常重要的技术，因此必须定期训练传球。同时，不要忘记纠正错误和提供正确的演示。
- 运动员需要良好的时机来控球和传球。因此，运动员和接球运动员之间的专注和眼神交流非常重要。
- 运动员在每次传球之前都必须呼叫接球的运动员。
- 运动员必须一直保持跑动状态，同时不要总在同一个位置上，这样才可以优化比赛的流程，提升空间意识以及比赛节奏。

锥桶距离

垂直距离：25米。

水平距离：30米。

器材

4个锥桶。

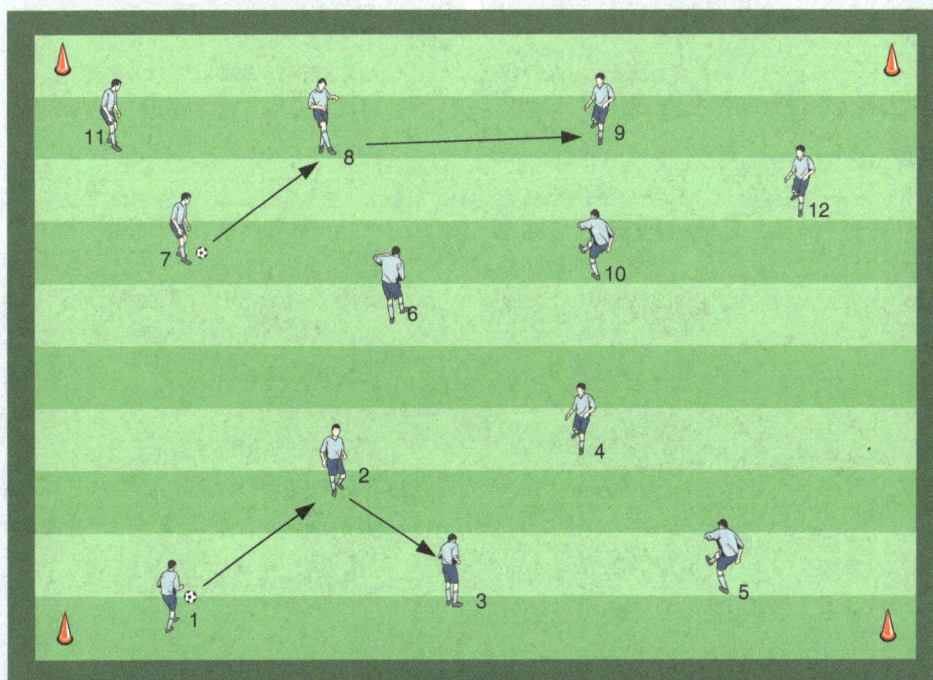

训练目的	训练重点
• 球技（触球）	• 传球
	• 停球

训练方面

技能方面：	一脚传球、短传、正脚背传球、脚内侧传球、凌空射门、停球、空中停球、跑动、跑动中的组合技术技能、头球停球、跳跃头球
年龄层次：	9岁以上
难度级别：	初级、高级
训练类型：	分组训练
训练架构：	热身、循序渐进、要点/重点
目标：	提高个人技能
参训运动员总数：	3名运动员
参加的运动员：	整支球队
训练场所：	任意
空间意识：	限定比赛场地
时长：	10～20分钟
生理机能：	足球特定耐力

组织方式

将3个锥桶排成一行并间隔5～8米。每个锥桶旁站立1名运动员。

过程

3名运动员之间相互传球。中间的运动员稍微跑向一边的运动员，接住传球并在第一次触球时将球回传。接着，该运动员180度转身朝另一边的运动员跑动，同时接住下一个传过来的球。

可供选择的方式

可以使用下面的传球组合。

- 使用内脚背控球和传球。
- 使用正脚背或脚前掌（交叉技术）传球。
- 一脚凌空射门、抛球。
- 使用正脚背或外脚背一脚传球。
- 头部控球、回传。
- 大腿控球、回传。
- 胸部控球、回传。

诀窍

- 纠正错误的同时提供有效的演示。
- 准确性比速度更重要。只有传球能够到达指定的目标，才可以提高速度。
- 提高速度时，可以增加运动员面对其他运动员的时间压力。
- 如果训练的时间过长，运动员就无法集中注意力，从而会导致出现错误。因此，运动员必须每隔60秒改变位置。
- 支撑腿必须对准球，并在球一侧30～40厘米的位置。
- 使用内脚背传球时，足尖必须朝上，踝关节必须紧绷，同时上半身稍微倾向球。

- 使用脚前掌，同时传球的脚必须稍微抬起击中球的中间位置。带动身体向前倾斜而不是向后倾斜。（可以使用相同的技术实现控球。）
- 在踢球时，脚必须跟着完成弧线动作。
- 手臂的动作也很重要：使用右侧内脚背传球时，左臂必须摆动到右髋位置；使用左侧内脚背传球时，右臂必须摆动到左髋位置。
- 使用外脚背传球时，运动员的身体稍微向后倾斜。
- 使用脚前掌传球时，运动员以对角的方向接近球，触球时身体可以稍微斜向球的一侧。

锥桶距离

每个锥桶之间的距离是5~8米。

器材

3个锥桶。

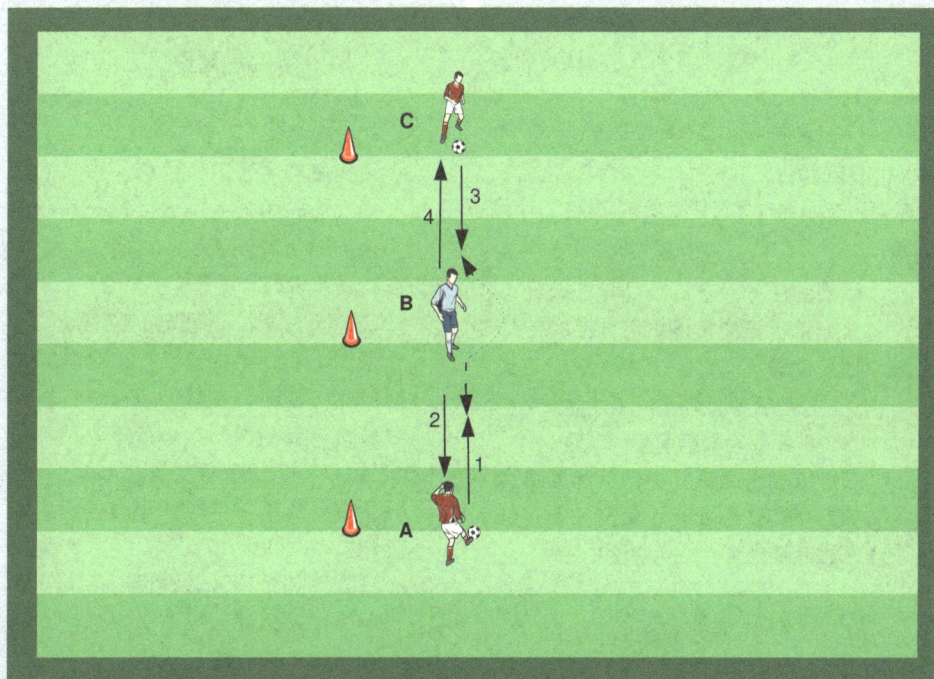

训练目的
- 球技（触球）

训练重点
- 传球

训练方面

技能方面：	一脚传球、短传、长传
年龄层次：	12岁以上
难度级别：	任意
训练类型：	分组训练
训练架构：	热身、循序渐进、要点/重点
目标：	提高个人技能
参训运动员总数：	3名运动员
参加的运动员：	整支球队
训练场所：	任意
空间意识：	限定比赛场地
时长：	10～15分钟
生理机能：	足球特定耐力

过程

在3名运动员之间传球。运动员A沿着地面将球传给运动员B，运动员B接住球后将球传给运动员A，接着运动员A向运动员C踢出一个长传球，而运动员C将球传给运动员B。运动员B接着将球回传给运动员C，然后运动员C向运动员A踢出一个长传球。这个模式可以按照要求尽可能多地重复训练。

诀窍

- 精确的传球对于成功的足球运动员是非常重要的技术，因此必须定期训练传球。同时，不要忘记纠正错误和提供正确的演示。
- 这个训练要求准确性高的传球。
- 在连续训练之后，中间的运动员会感到疲劳，因此，运动员必须每隔60秒交换位置。

更重要的特点

- 支撑腿必须对准球并在球一侧30～40厘米的位置。
- 使用内脚背传球时，足尖必须朝上，踝关节必须紧绷，同时上半身稍微倾向球。
- 使用脚前掌，同时传球的脚必须稍微抬起击中球的中间位置。带动身体向前倾斜而不是向后倾斜。（可以使用相同的技术实现控球。）
- 在踢球时，脚必须跟着完成弧线动作。
- 手臂的动作也很重要：使用右侧内脚背传球时，左臂必须摆动到右髋位置；使用左侧内脚背传球时，右臂必须摆动到左髋位置。
- 使用外脚背传球时，运动员的身体稍微向后倾斜。
- 使用脚前掌传球时，运动员以对角的方向接近球，触球时身体可以稍微斜向球的一侧。

锥桶距离

　　5~8米。

器材

　　3个锥桶。

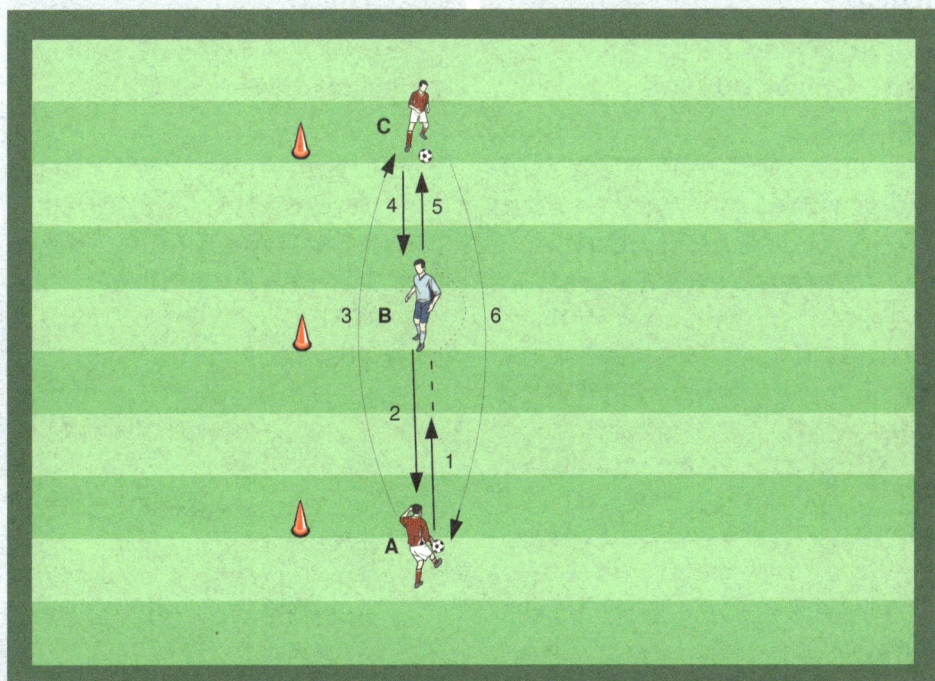

训练目的
- 球技（触球）

训练重点
- 传球

训练方面

技能方面：	一脚传球、传球经过多个位置、在正方形里面传球、短传、长传、跑动
年龄层次：	13岁以上
难度级别：	高级、专业
训练类型：	分组训练
训练架构：	热身、循序渐进、要点/重点
目标：	提高个人技能
参训运动员总数：	6名运动员
参加的运动员：	整支球队
训练场所：	任意
空间意识：	限定比赛场地
时长：	10~20分钟
生理机能：	足球特定耐力

组织方式

将6个锥桶组成1个矩形的比赛场地，同时在每条侧边设置3个锥桶。

过程

如图所示，A、B、C组和D、E、F组的运动员参加训练。运动员B将球传给运动员C后向运动员C的位置跑动。运动员C在接到运动员B的传球后，将球传给运动员A，并向运动员A的位置跑动。运动员A在接到运动员C的传球后将球回传给正在跑来的运动员C，传球后运动员A向运动员C的起始位置跑动。运动员C在接到运动员A的传球后，将球斜向传给运动员F。最后运动员C站在运动员A原来的位置。同时，D、E、F组的运动员也按照与A、B、C组相同的方式进行训练。

完成第4次传球之后，球必须返回到另一组的第一名运动员手上。接着，运动员继续按照之前的方式进行跑动。

可供选择的方式

开始只用一个球进行训练，接着再同时使用两个球进行训练。

诀窍

- 这个训练可以按照顺时针和逆时针方式进行。同时，在这个训练中，传球的准确性比传球的力量更重要。只有在传球有规律地达到指定的目标时，才可以增加这个训练位置改变的速度。
- 运动员必须一直进行沟通，同时在训练的过程中要培养关注空间和速度的意识。
- 支撑腿必须对准球并在球一侧30~40厘米的位置。
- 使用内脚背传球时，足尖必须朝上，踝关节必须紧绷，同时上半身稍微倾向球。
- 使用脚前掌，同时传球的脚必须稍微抬起击中球的中间位置。带动身体向前倾斜而不是向后倾斜。（可以使用相同的技术实现控球。）

- 在踢球时，脚必须跟着完成弧线动作。
- 手臂的动作也很重要：使用右侧内脚背传球时，左臂必须摆动到右髋位置；使用左侧内脚背传球时，右臂必须摆动到左髋位置。
- 使用外脚背传球时，运动员的身体稍微向后倾斜。
- 使用脚前掌传球时，运动员以对角的方向接近球，触球时身体可以稍微斜向球的一侧。

锥桶距离

垂直距离：7.5米。

水平距离：15米。

器材

6个锥桶。

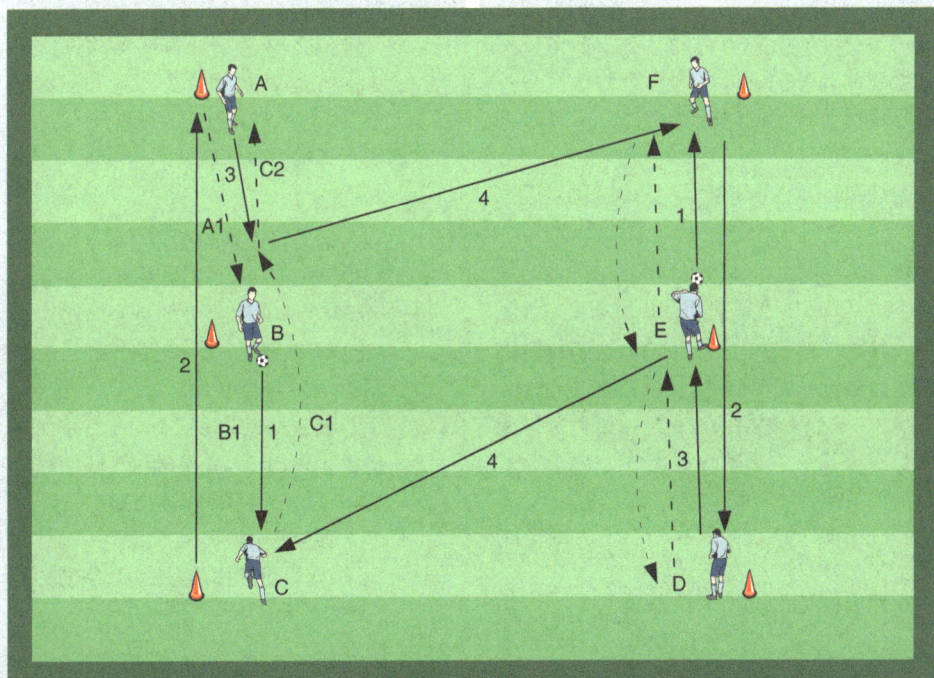

训练目的
- 球技（触球）

训练重点
- 传球
- 运球
- 停球

训练方面

技能方面：	一脚传球、踢墙式传球、短传、交叉传球、快速改变方向
年龄层次：	8～16岁
难度级别：	初级、高级
训练类型：	分组训练
训练架构：	热身、循序渐进、要点/重点
目标：	提高个人技能
参训运动员总数：	6名或6名以上运动员
参加的运动员：	整支球队
训练场所：	任意
空间意识：	限定比赛场地
时长：	10～20分钟
生理机能：	足球特定耐力

组织

如图所示放置6个锥桶。建议使用较大的锥桶作为外围锥桶，这样运动员就必须绕着锥桶跑动，同时无法跳过锥桶或者走捷径。

训练时运动员间距15～20米，面对面地站立。这个训练适合6～10名运动员参加。

过程

运动员A沿着地面或空中向运动员B传球，接着运动员A向运动员B停球的一侧跑动。运动员A将球运到锥桶的位置并绕过运动员B，到达大锥桶的位置，接着再运球返回另一个组。在带球完成跑动之后，运动员加入另一组的后面。

红色和蓝色组同时在相反的方向完成练习。

可供选择的方式

这个训练可以采用比赛的形式进行。两个组按照前面所描述的方式同时开始比赛。首先到达对方球队点的球队可以得一分。得分最多的球队获胜。

诀窍

注意：运动员必须一直关注其他的运动员，这样他们才不会挡住对方的跑动路径。

- 传球的时机和运动员的跑动往往无法很好地配合。运动员有时候会传球过早或者传球太慢。
- 等待接球的运动员必须总是在接住传球之前做出一些短暂的跑动假动作。
- 停球时，脚必须稍微抬起。
- 有力且准确的传球。
- 运动员的跑动速度总是比传球的速度快。

锥桶距离

> **小锥桶。**
> 垂直距离：10~15米。
> 水平距离：10~15米。
> **大锥桶**
> 水平距离：20米。

器材

> 6个锥桶。

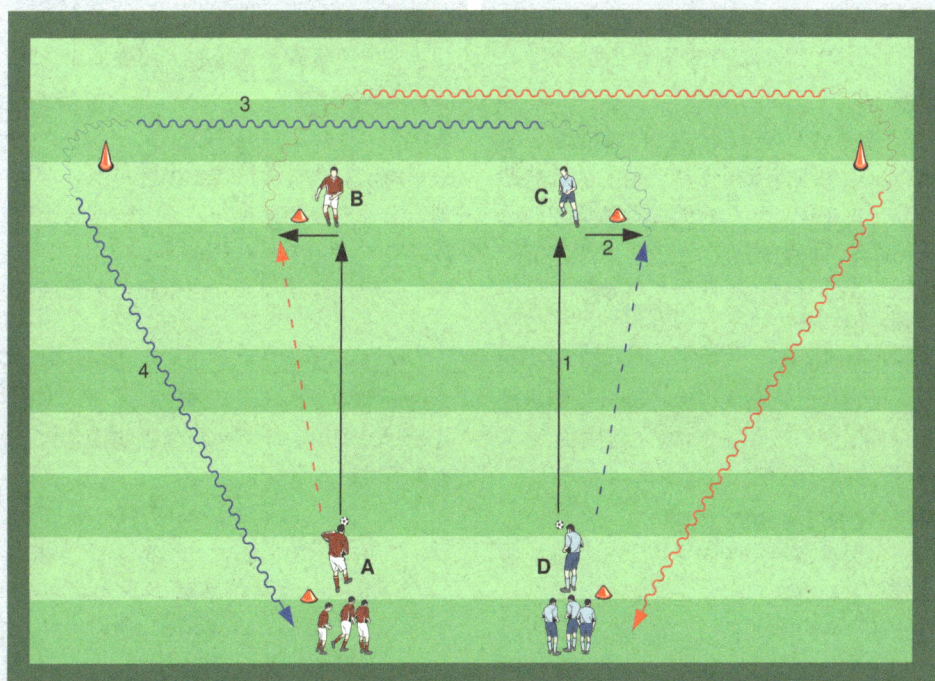

训练目的

- 球技（触球）

训练重点

- 传球
- 停球
- 控球

训练方面

技能方面：	一脚传球、短传、长传
年龄层次：	9～16岁
难度级别：	初级、高级
训练类型：	分组训练
训练架构：	热身、循序渐进、要点/重点
目标：	提高个人技能
参训运动员总数：	4名运动员
参加的运动员：	整支球队
训练场所：	任意
空间意识：	限定比赛场地
时长：	10～15分钟
生理机能：	足球特定耐力

组织

用8个锥桶设置3个相同大小的方格。

过程

2名蓝色组的运动员在他们的区域里面根据自己的喜好互相传球。他们的目的是将球传过中间区域红色组的运动员，传给球门区的1名蓝色组的运动员。如果他们完成了这个传球，执行跨区域传球的蓝色组运动员必须跟着这个传球并在球门区重新开始相同的训练。

红色组的运动员可以通过出色的跑位和空间意识拦截和阻止传球，但是他不可以进入对手的区域。

红色组运动员的动机

可以每隔一段时间改变中间区域的运动员。如果红色组的运动员能够拦截蓝色组运动员的传球，那么他就获胜。

可供选择的方式

可以放置旗子或者较大的锥桶来提高外面锥桶的显眼度。

诀窍

建议运动员使用两只脚进行训练。首先，必须沿着地面传球。能力较强的运动员可以尝试稍微把球踢高一些。

在球门区里训练红色组和蓝色组的运动员。

精确的传球对于成功的足球运动员来说是非常重要的技术。因此，必须定期训练传球。同时，不要忘记纠正错误并为运动员提供正确的演示。

- 支撑腿必须对准球并在球一侧30～40厘米的位置。
- 使用内脚背传球时，足尖必须朝上，踝关节必须紧绷，同时上半身稍微倾向球。

- 使用脚前掌，同时传球的脚必须稍微抬起击中球的中间位置。带动身体向前倾斜而不是向后倾斜。（可以使用相同的技术实现控球。）
- 在踢球时，脚必须跟着完成弧线动作。
- 手臂的动作也很重要：使用右侧内脚背传球时，左臂必须摆动到右髋位置；使用左侧内脚背传球时，右臂必须摆动到左髋位置。
- 使用外脚背传球时，运动员的身体稍微向后倾斜。
- 使用脚前掌传球时，运动员的身体可以稍微斜对球的一侧，以对角的方向接近球。

锥桶距离

垂直距离：8米。

水平距离：6米。

器材

8个锥桶。

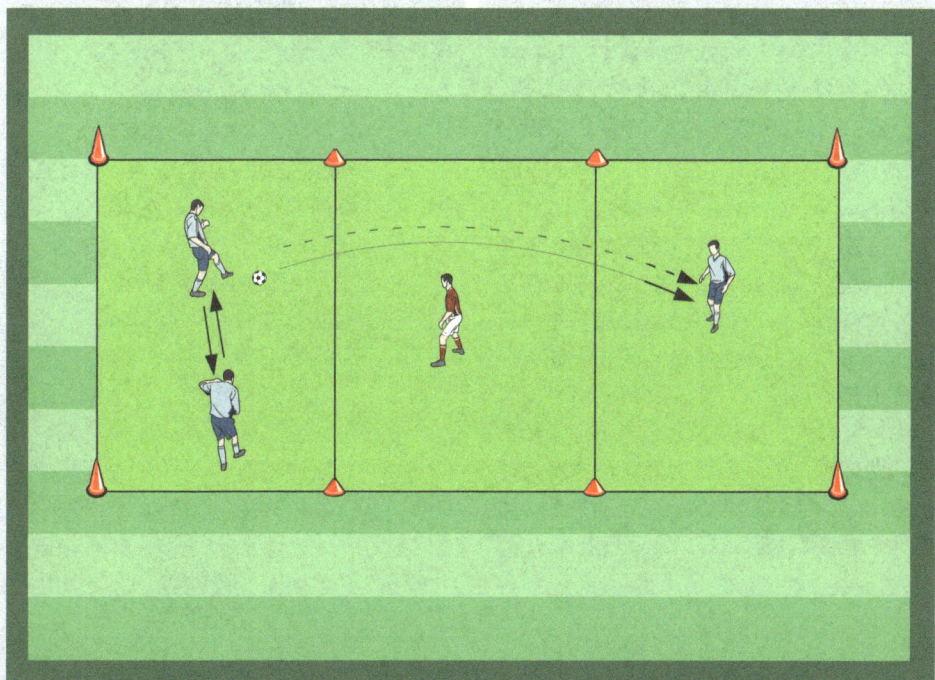

训练目的

- 球技（触球）

训练重点

- 传球
- 停球
- 控球

训练方面

技能方面：	短传，长传
年龄层次：	13岁以上
难度级别：	高级
训练类型：	团队训练
训练架构：	循序渐进、要点/重点
目标：	提高个人技术
参训运动员总数：	16名或16名以上运动员
参加的运动员：	整支球队
训练场所：	任意
空间意识：	限定比赛场地
时长：	10～25分钟
生理机能：	足球特定耐力

组织

使用10个锥桶设置1个24米×25米的场地。8名穿着蓝色衣服的运动员组成1支球队，同时8名穿红色衣服的运动员组成1支球队。每个区域里有4名运动员，每支球队只占据2个区域。

过程

区域A中的蓝色衣服运动员将球传给区域C的队友。区域B的红色衣服运动员根据清晰的空间和跑动意识拦截传球。任何运动员都不可以离开他的指定区域。如果红色衣服运动员成功拦截，那么他们必须尝试保持控球权，而区域C的蓝色衣服运动员成为防守者，同时尝试拦截红色衣服运动员的传球。每个区域里的4名运动员都必须有规律地改变位置。

必须尽可能快地从进攻转换为防守。带球的球队必须利用整个场地的宽度尽可能地增加防守球队拦截抢球的难度。

诀窍

- 到达的传球或拦截到传球可以计分。
- 必须总在逼真的比赛情形中训练传球。
- 教练的游戏执教概述/意识。
- 沟通和鼓励。
- 运动员必须一直保持跑动。

锥桶距离

　　垂直距离：6米。

　　水平距离：25米。

器材

　　10个锥桶。

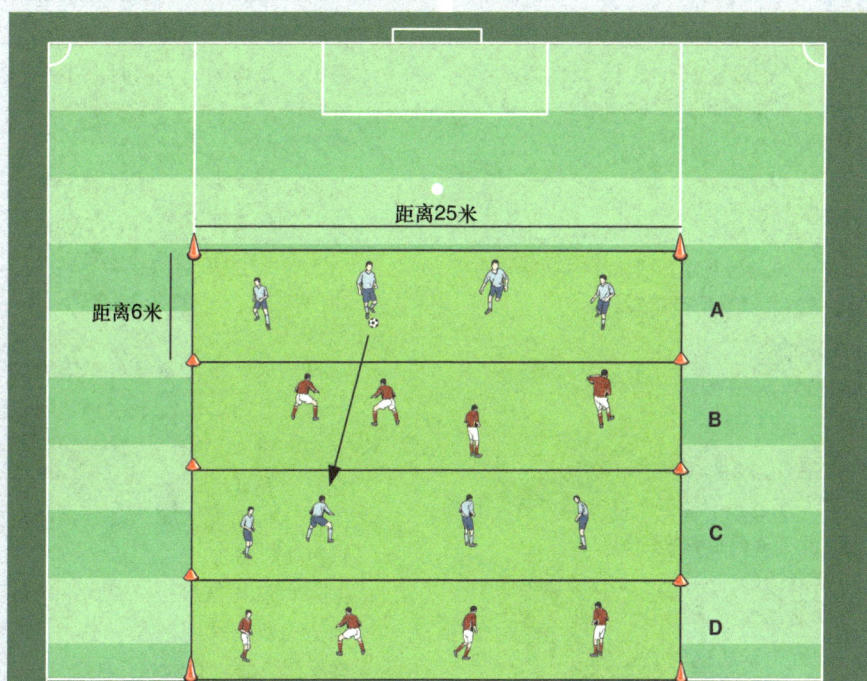

距离25米

距离6米

A

B

C

D

训练目的

- 球技（触球）

训练重点

- 传球
- 控球

训练方面

技能方面：	短传、脚内侧传球、停球、跑动
年龄层次：	9岁以上
难度级别：	初级，高级
训练类型：	配对训练
训练架构：	热身，循序渐进，要点/重点
目标：	提高个人技能
参训运动员总数：	2名运动员
参加的运动员：	整支球队
训练场所：	任意
空间意识：	限定比赛场地
时长：	10～15分钟
生理机能：	足球特定耐力

组织

用4个锥桶设置游戏方格。1名运动员站在方格下面右侧拐角，而另1名运动员站在斜对的左上角。

过程

2名运动员从垂直方向（直线上）向相对的锥桶传球，接着立刻向水平方向跑动，以便接住另1名运动员传过来的球。

可供选择的方式

运动员可以在传球之前先控球。

诀窍

只有在正确的时间传球和跑动才能完成这个训练。运动员必须设定好节奏。两名运动员都必须使用两只脚来传球。

- 精准的传球对于成功的足球运动员是非常重要的技术，因此必须定期训练传球。同时，不要忘记纠正错误和提供正确的演示。
- 支撑腿必须对准球，并在球一侧30～40厘米的位置。

- 使用内脚背传球时，足尖必须朝上，踝关节必须紧绷，同时上半身稍微倾向球。
- 使用脚前掌，同时传球的脚必须稍微抬起击中球的中间位置。带动身体向前倾斜而不是向后倾斜。（可以使用相同的技术实现控球。）
- 在踢球时，脚必须跟着完成弧线动作。
- 手臂的动作也很重要：使用右侧内脚背传球时，左臂必须摆动到右髋位置；使用左侧内脚背传球时，右臂必须摆动到左髋位置。
- 使用外脚背传球时，运动员的身体稍微向后倾斜。
- 使用脚前掌传球时，运动员以对角的方向接近球，触球时身体可以稍微斜向球的一侧。

锥桶距离

锥桶之间的距离：10米。

器材

4个锥桶。

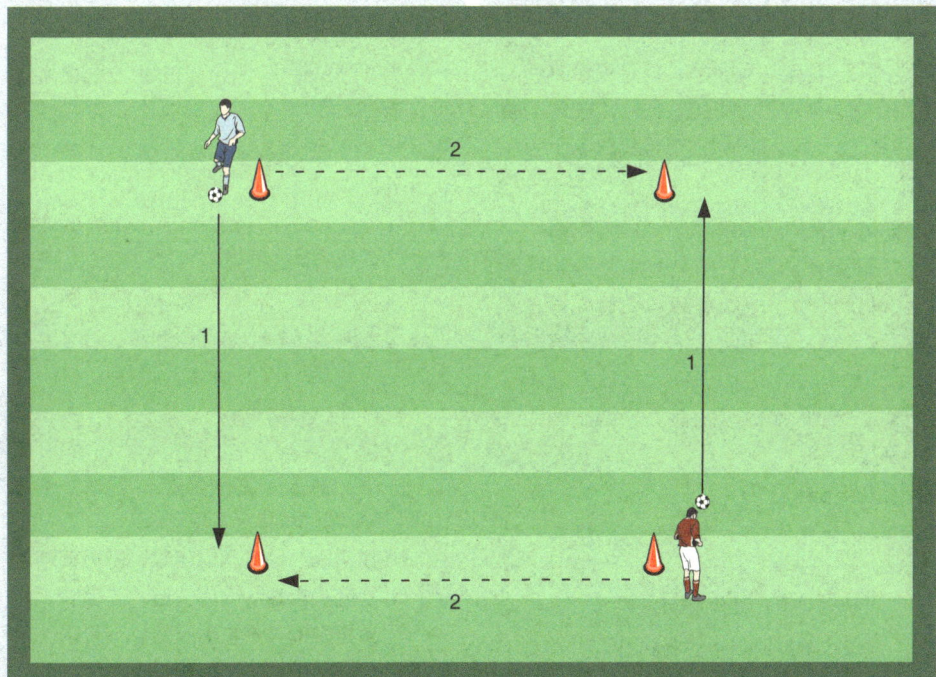

训练目的
- 球技（触球）

训练重点
- 传球
- 停球

训练方面

技能方面：	一脚传球
年龄层次：	9岁以上
难度级别：	任意
训练类型：	分组训练
训练架构：	热身，循序渐进，要点/重点
目标：	提高个人技能
参训运动员总数：	5名运动员或6名运动员
参加的运动员：	整支球队
训练场所：	任意
空间意识：	限定比赛场地
时长：	10~20分钟
生理机能：	足球特定耐力、速度耐力，力量和速度

组织

使用4个锥桶设置比赛场地。这个训练至少需要5名运动员参加，但是最多只能有6名运动员参加。2名运动员站在起跑的锥桶位置上，同时其他的3个锥桶位置上分别站立1名运动员。

过程

所有的传球都必须是一脚传球（按照如图所示的顺序）。每名运动员必须按顺序传球，因此在开始训练时可以按照顺时针或逆时针方向进行训练。等待接球的运动员在接住每次传球之前必须做一些动态的假动作。

可供选择的方式

- 运动员可以有更多触球的机会。例如，在传球之前运动员可以控球。正常情况下，第一次触球是控球，而第二次触球时可以进行传球。
- 2个球和6名运动员。

诀窍

根据运动员的技能水平，可以使用1个球或2个球进行训练。使用2个球训练时，运动员必须在彼此斜对的位置开始训练。必须至少有2名运动员站在斜对的相对位置。

在之前的运动员控球时，等待接球的运动员必须跑动起来。

支撑腿不能在距离球太远的位置，这样运动员的身体就不会向后倾斜。

- 支撑腿必须对准球并在球一侧30~40厘米的位置。
- 使用内脚背传球时，足尖必须朝上，踝关节必须紧绷，同时上半身稍微倾向球。
- 使用脚前掌，同时传球的脚必须稍微抬起击中球的中间位置。带动身体向前倾斜而不是向后倾斜。（可以使用相同的技术实现控球。）

- 在踢球时，脚必须跟着完成弧线动作。
- 手臂的动作也很重要：使用右侧内脚背传球时，左臂必须摆动到右髋位置；使用左侧内脚背传球时，右臂必须摆动到左髋位置。
- 使用外脚背传球时，运动员身体稍微向后倾斜。
- 使用脚前掌传球时，运动员以对角的方向接近球，触球时身体可以稍微斜向球的一侧。

锥桶距离

垂直距离：12米。

水平距离：12米。

器材

4个锥桶。

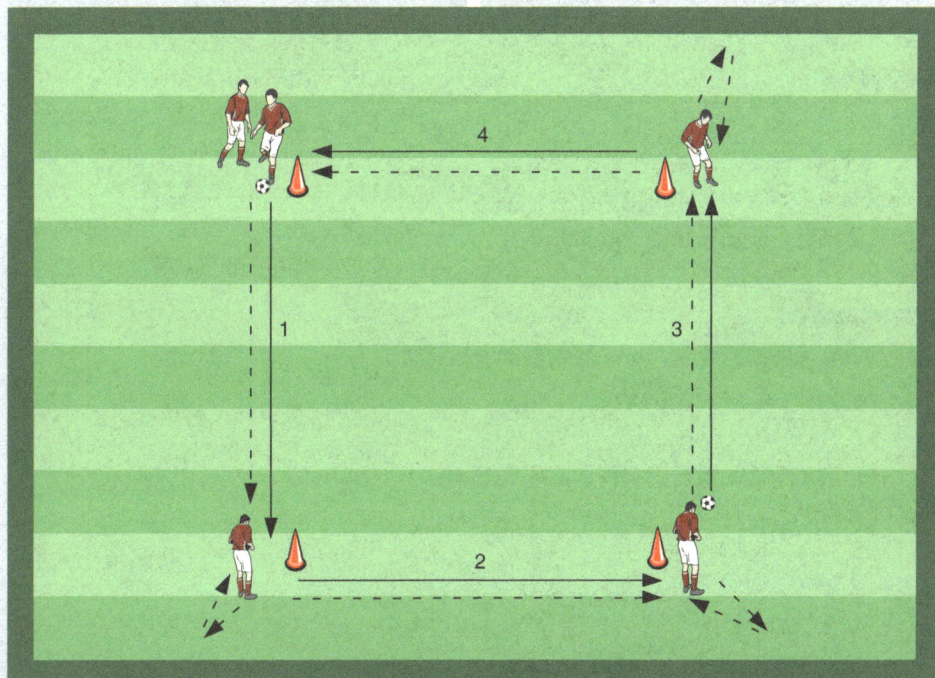

训练目的
- 球技（触球）

训练重点
- 传球

训练方面

技能方面：	一脚传球
年龄层次：	12~16岁
难度级别：	初级，高级
训练类型：	分组训练
训练架构：	热身，循序渐进，要点/重点
目标：	提高个人技能
参训运动员总数：	4名运动员
参加的运动员：	整支球队
训练场所：	任意
空间意识：	限定比赛场地
时长：	10~15分钟
生理机能：	足球特定耐力

组织

设置2个平行的锥桶球门。2对运动员面对面站立。每名运动员带1个球。运动员间距为12米。

过程

4名运动员同时传球穿过球门，接着运动员跑向水平放置的另一个锥桶球门，接住传过来的球，然后在恰当的时机将球穿过锥桶球门回传。

可供选择的方式

可以将锥桶球门设置的远一些或增加传球的距离来增加训练的难度。

诀窍

传球和跑动的时机对于确保训练顺利进行非常重要。

训练过程中两只脚都要使用。

- 支撑腿必须对准球并在球一侧30~40厘米的位置。
- 使用内脚背传球时，足尖必须朝上，踝关节必须紧绷，同时上半身稍微倾向球。

- 使用脚前掌，同时传球的脚必须稍微抬起击中球的中间位置。带动身体向前倾斜而不是向后倾斜。（可以使用相同的技术实现控球。）
- 在踢球时，脚必须跟着完成弧线动作。
- 手臂的动作也很重要：使用右侧内脚背传球时，左臂必须摆动到右髋位置；使用左侧内脚背传球时，右臂必须摆动到左髋位置。
- 使用外脚背传球时，运动员的身体稍微向后倾斜。
- 使用脚前掌传球时，运动员以对角的方向接近球，触球时身体可以稍微斜向球的一侧。

锥桶距离

2个锥桶球门之间的距离：

2米。

2个内部锥桶之间的距离：

8米。

器材

4个锥桶。

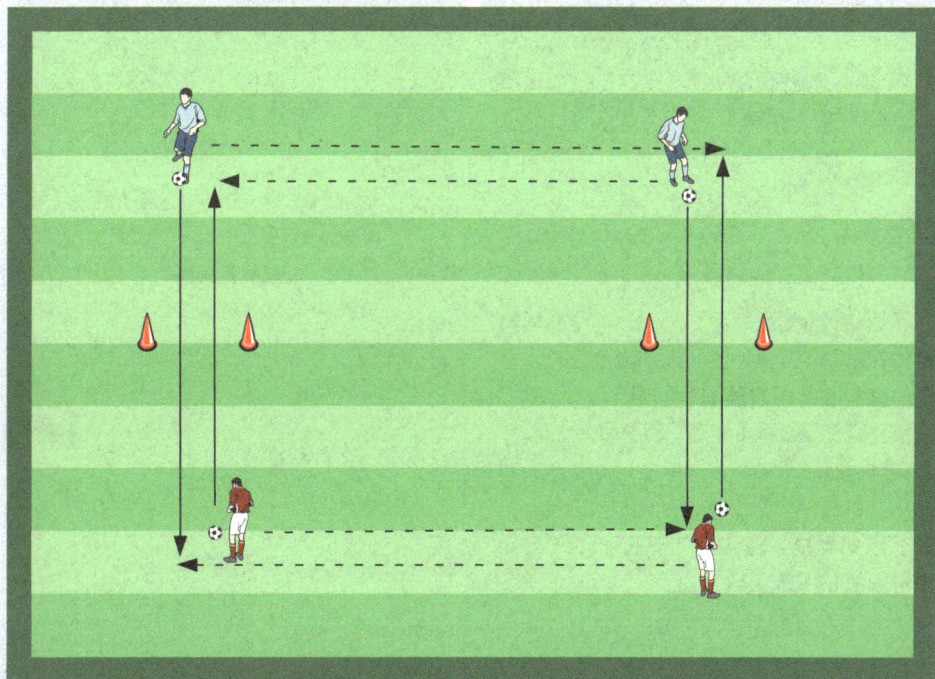

训练目的
- 球技（触球）

训练重点
- 传球

训练方面

技能方面：	短传、控球、运球
年龄层次：	6～16岁
难度级别：	任意
训练类型：	分组训练
训练架构：	循序渐进
目标：	提高个人技能
参训运动员总数：	5名运动员或6名运动员
参加的运动员：	整支球队
训练场所：	任意
空间意识：	限定比赛场地
时长：	10～15分钟
生理机能：	足球特定耐力、力量和速度

组织

使用4个锥桶设置1个矩形。2名运动员带1个球站在起跑的位置，在其他每个锥桶的位置各站1名运动员。

过程

这个训练有两种变化。

变化1

5名运动员、1个球

运动员A快速跑向运动员B。在锥桶位置的运动员B接住运动员A的球之后，以最快的速度跑向斜对角的运动员C。运动员C在接住运动员B的球之后，以最快的速度跑向运动员D。运动员D在接住运动员C的球之后，以最快的速度跑向运动员A的起始位置。以此类推，循环训练。每次传球的距离必须为1～2米。

变化2

6名运动员、2个球

这个训练与"变化1"一样。运动员分别一个接一个地运球，从至少有2名运动员所站的2个锥桶的位置上同时开始。在运动员成功掌握了"变化1"之后再尝试这个变化会更好一些。

诀窍

- 运球时，球与脚的距离不可超过50厘米。确保运动员小步跑动。
- 准确性比速度更重要。
- 建议使用外脚背运球，接着在需要的情况下使用内脚背纠正运球方式。
- 在拿球时不要过于用力传球。
- 等待接球的运动员必须向队友展示可能使用哪只脚来接住传球。
- 传球运动员已经接住球时，等待接球的运动员必须开始朝球跑动。
- 支撑腿往往距离球比较远，而且运动员的身体向后倾斜。
- 在传球时，脚必须稍微抬起，并稍微朝着球的方向向下摆动。
- 很多运动员使用正脚背控球和运球。一开始使用内脚背控球会比较简单。

锥桶距离

　　垂直距离：12米。

　　水平距离：12米。

器材

　　4个锥桶。

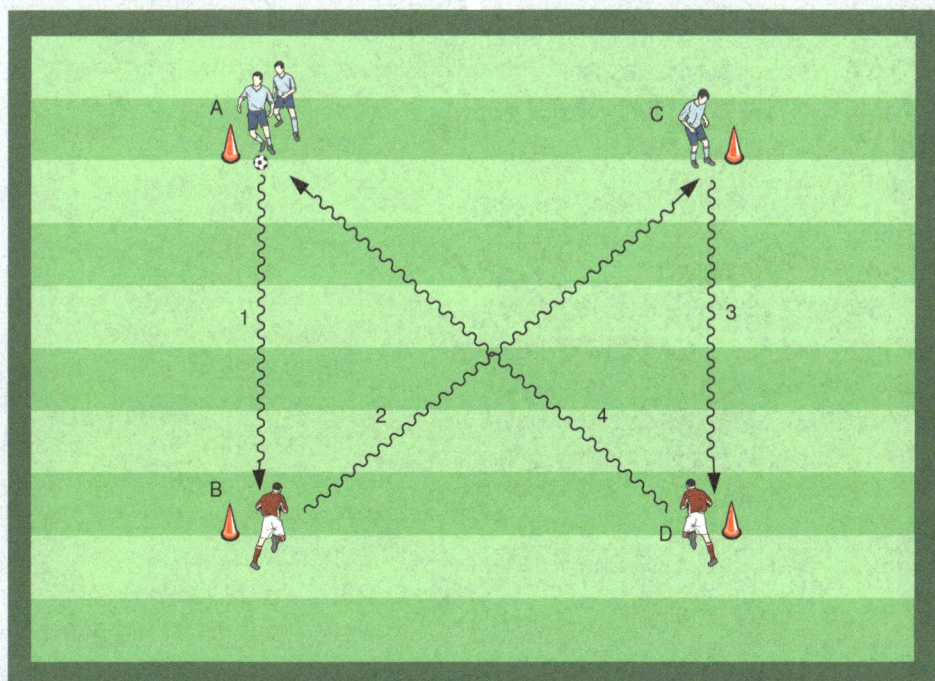

训练目的
- 球技（触球）

训练重点
- 传球，控球
- 运球
- 停球

训练方面

技能方面：	短传、传球
年龄层次：	9岁以上
难度级别：	高级、专业
训练类型：	分组训练、团队训练
训练架构：	循序渐进，要点/重点
目标：	提高个人技能
参训运动员总数：	5名运动员或6名运动员
参加的运动员：	整支球队
训练场所：	任意
空间意识：	限定比赛场地
时长：	10~15分钟
生理机能：	足球特定耐力、力量和速度

组织

使用4个锥桶设置1个方格。第一个锥桶的位置站立2名运动员，其他的锥桶位置分别站立1名运动员。

过程

变化1

5名运动员、1个球

运动员A将球传给运动员B，然后跟着自己所传的球跑动。运动员B带着球同时斜对着跑向进行抢球的运动员C。运动员C控球并将球传给运动员D。接下来，运动员D按照之前运动员B的方式斜对角运球。必须从两个方向完成这个过程。

变化2

6名运动员、1个球

向对角的锥桶同时开始运球，两个开始锥桶的位置至少必须站立2名运动员。

诀窍

- 运球时，球与脚的距离不可超过50厘米。确保运动员小步跑动。
- 准确性比速度更重要。
- 建议使用外脚背运球，接着在需要的情况下使用内脚背纠正运球方式。
- 不要过于用力传球。
- 等待接球的运动员必须向队友展示可能使用哪只脚来接住传球。
- 传球运动员已经接住球时，等待接球的运动员必须开始向球跑动。
- 支撑腿往往距离球比较远，而且运动员的身体向后倾斜。
- 在传球时，脚必须稍微抬起，并稍微朝着球的方向向下摆动。
- 很多运动员使用正脚背控球和运球。一开始使用内脚背控球会比较简单。

锥桶距离

　　垂直距离：12米。

　　水平距离：12米。

器材

　　4个锥桶。

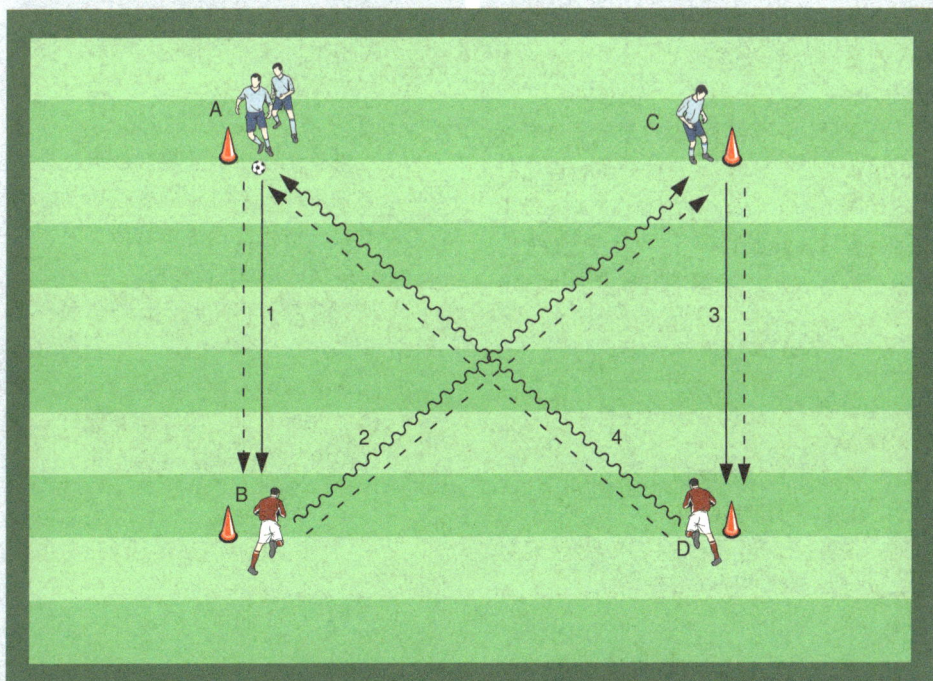

训练目的
- 球技（触球）

训练重点
- 传球
- 停球

训练方面

技能方面：	一脚传球、在正方形中以短传传球
年龄层次：	9岁以上
难度级别：	高级
训练类型：	分组训练
训练架构：	循序渐进，要点/重点
目标：	提高个人技能
参训运动员总数：	6名运动员
参加的运动员：	整支球队
训练场所：	任意
空间意识：	限定比赛场地
时长：	10~20分钟
生理机能：	足球特定耐力、力量和速度

组织
所有的运动员都带1个球参加训练。

过程
运动员A和运动员C（控球）同时向对面的运动员B和运动员D传球并跟着自己所传的球跑动。运动员B和运动员D进行对角传球，同时去占据运动员A和运动员C的位置。必须采用垂直传球，接着再进行对角传球。

诀窍
运动员必须观察整个场地，以免错失下次传球。

- 支撑腿必须对准球并在球一侧30~40厘米的位置。
- 使用内脚背传球时，足尖必须朝上，踝关节必须紧绷，同时上半身稍微倾向球。
- 使用脚前掌，同时传球的脚必须稍微抬起击中球的中间位置。带动身体向前倾斜而不是向后倾斜。（可以使用相同的技术实现控球。）
- 在踢球时，脚必须跟着完成弧线动作。
- 手臂的动作也很重要：使用右侧内脚背传球时，左臂必须摆动到右髋位置；使用左侧内脚背传球时，右臂必须摆动到左髋位置。
- 使用外脚背传球时，运动员的身体稍微向后倾斜。
- 使用脚前掌传球时，运动员以对角的方向接近球，触球时身体可以稍微斜向球的一侧。

锥桶距离

　　垂直距离：12米。

　　水平距离：12米。

器材

　　4个锥桶。

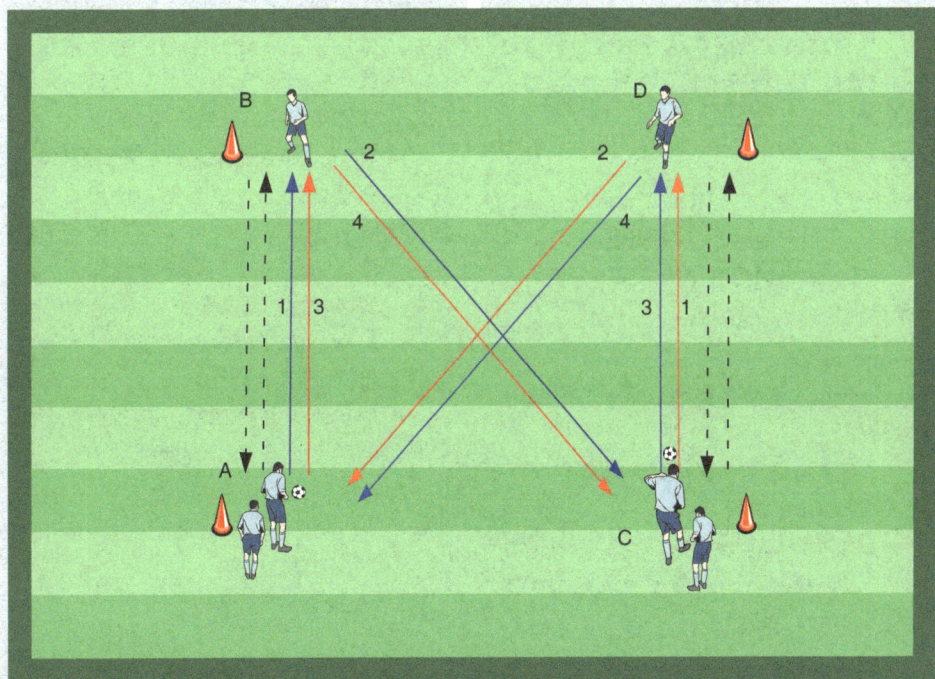

24 通过改变位置来变化传球方式 II

训练目的

- 球技（触球）

训练重点

- 传球

训练方面

技能方面：	一脚传球、在正方形中传球
年龄层次：	9岁以上
难度级别：	高级
训练类型：	分组训练
训练架构：	热身，循序渐进，要点/重点
目标：	提高个人技能
参训运动员总数：	8名运动员
参加的运动员：	整支球队
训练场所：	任意
空间意识：	限定比赛场地
时长：	10～15分钟
生理机能：	足球特定耐力，力量和速度

组织

8名运动员在禁区中站好位置。每个锥桶的位置站立两名运动员，同时2名运动员带1个球。

过程

控球的运动员开始传球（如图所示）。传球后运动员开始跑动，占据侧边队友的位置。训练中总是采用直接传球和对角传球。必须尽可能快地改变位置。

诀窍

运动员必须观察整个场地，以免错失下次传球。

- 支撑腿必须对准球并在球一侧30～40厘米的位置。
- 使用内脚背传球时，足尖必须朝上，踝关节必须紧绷，同时上半身稍微倾向球。
- 使用脚前掌，同时传球的脚必须稍微抬起击中球的中间位置。带动身体向前倾斜而不是向后倾斜。（可以使用相同的技术实现控球。）
- 在踢球时，脚必须跟着完成弧线动作。
- 手臂的动作也很重要：使用右侧内脚背传球时，左臂必须摆动到右髋位置；使用左侧内脚背传球时，右臂必须摆动到左髋位置。
- 使用外脚背传球时，运动员的身体稍微向后倾斜。
- 使用脚前掌传球时，运动员以对角的方向接近球，触球时身体可以稍微斜向球的一侧。

锥桶距离

　　垂直距离：12米。

　　水平距离：12米。

器材

　　4个锥桶。

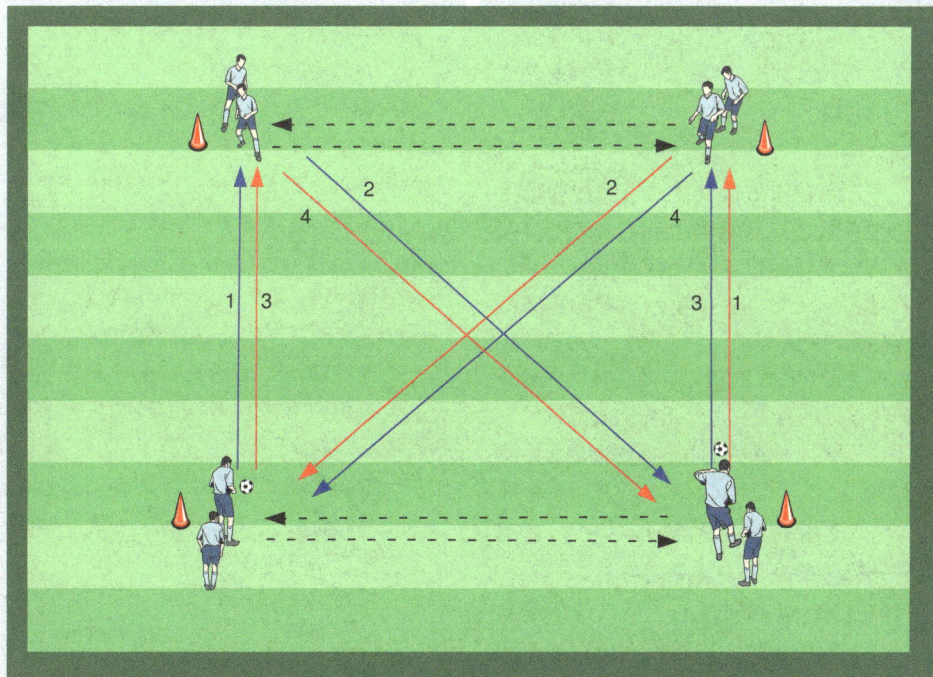

训练目的
- 球技（触球）

训练重点
- 传球
- 停球

训练方面

技能方面：	一脚传球、踢墙式传球、控球
年龄层次：	9岁以上
难度级别：	任意
训练类型：	分组训练
训练架构：	热身，循序渐进，要点/重点
目标：	提高个人技能
参训运动员总数：	4~10运动员
参加的运动员：	整支球队
训练场所：	任意
空间意识：	限定比赛场地
时长：	10~15分钟
生理机能：	足球特定耐力

组织

使用4个锥桶设置成菱形。大的锥桶位置站立2名运动员，小的锥桶位置分别站立1名运动员。

过程

穿蓝色球衣的运动员通过短传将球传给侧边穿蓝色球衣的运动员。该运动员在第一次触球时回传球。一旦回传的运动员将球传出，第一名穿蓝色球衣的运动员向着他所传的球跑动，并在第一次触球时直接将球传给站在大锥桶位置的红色球衣运动员。接着，红色球衣运动员以一脚踢球的方式将球传给另一侧站在小锥桶位置将为他回传球的红色球衣运动员。红色球衣运动员按照蓝色球衣运动员的方式继续跑动。

可供选择的方式

- 在第一次传球之后，回传球的运动员可以采用一次或两次触球的方式传球。
- 两个球都必须采用一脚踢球方式传球。

诀窍

- 一开始必须只用一个球来慢慢地完成训练。
- 第一个传球的运动员必须跟着所传的球跑动。
- 运动员跑动的速度通常比传球的速度快。这是必须避免出现的错误。
- 如果传球的力度不够或方向不准确，那么就无法达到训练要求。
- 这个训练要求注意力高度集中。
- 在控球时，运动员的支撑腿往往距离球较远，同时运动员的身体会向后倾斜。
- 很多运动员使用正脚背或外脚背传球，而一开始使用内脚背传球和控球会稍微简单一些。
- 传球的运动员必须斜对着将球传到队友正确的脚下，这样对方就可以有效地传球或控球。

锥桶距离

垂直距离（有3名运动员占据的两个锥桶之间的距离）：20米。

水平距离：12米。

器材

4个锥桶。

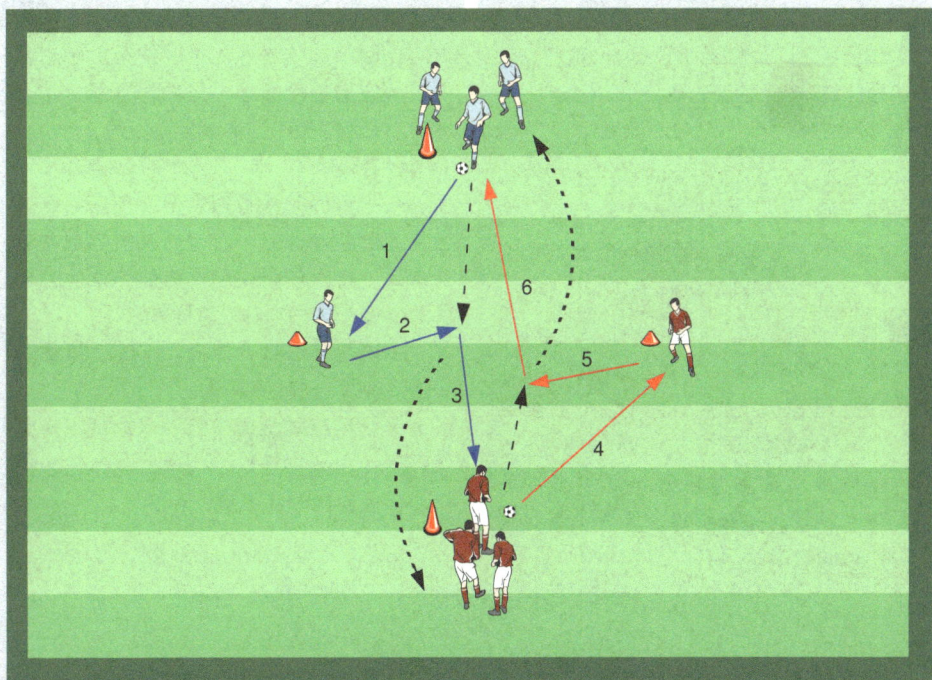

训练目的
- 球技（触球）

训练重点
- 传球

训练方面

技能方面：	一脚传球、在菱形中传球短传
年龄层次：	6～16岁
难度级别：	任意
训练类型：	分组训练
训练架构：	热身，循序渐进，要点/重点
目标：	提高个人技能
参训运动员总数：	4名运动员
参加的运动员：	整支球队
训练场所：	任意
空间意识：	限定比赛场地
时长：	10～15分钟
生理机能：	足球特定力量

组织

如图所示，使用锥桶设置1个菱形。每个锥桶位置站立1名运动员。

过程

蓝色球衣的运动员之间和红色球衣的运动员之间均以一脚踢球的方式传球。因为两队运动员都是同时传球，因此他们必须确保球不会在中间发生碰撞。

诀窍

恰当的传球速度、力量和准确性。

- 支撑腿必须对准球同时在球一侧30～40厘米的位置。
- 使用内脚背传球时，足尖必须朝上，踝关节必须紧绷同时上半身稍微倾向球。
- 使用脚前掌，同时传球的脚必须稍微抬起击中球的中间位置。带动身体向前倾斜而不是向后倾斜。（可以使用相同的技术实现控球。）
- 在踢球时，脚必须跟着完成弧线动作。
- 手臂的动作也很重要：使用右侧内脚背传球时，左臂必须摆动到右髋位置；使用左侧内脚背传球时，右臂必须摆动到左髋位置。
- 使用外脚背传球时，运动员身体稍微向后倾斜。
- 使用脚前掌传球时，运动员以对角的方向接近球，触球时身体可以稍微斜向球的一侧。

锥桶距离

垂直/水平距离（相对的锥桶）：10米。

器材

4个锥桶。

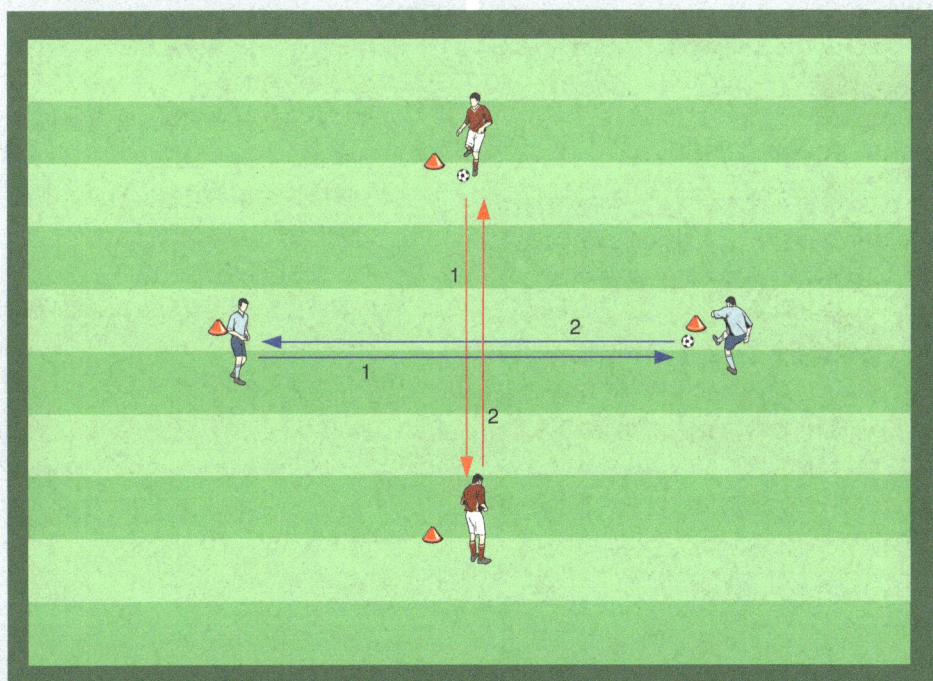

训练目的
- 球技（触球）

训练重点
- 传球

训练方面

技能方面：	一脚传球、踢墙式传球，传球经过多个位置
年龄层次：	9岁以上
难度级别：	任意
训练类型：	分组训练
训练架构：	热身，循序渐进，要点/重点
目标：	提高个人技能
参训运动员总数：	8名运动员
参加的运动员：	整支球队
训练场所：	任意
空间意识：	限定比赛场地
时长：	10~15分钟
生理机能：	足球特定力量和速度

组织方式

如图所示放置4个锥桶。在较大的锥桶位置有3名运动员。在小的锥桶位置有1名运动员。

过程

第一名蓝色球衣的运动员将球传给在小锥桶位置停球的蓝色球衣运动员，向前跑动，并接到回传球。第一名蓝色球衣的运动员接着以一脚传球的方式将球传给在另一个小锥桶位置的红色球衣运动员。接到红色球衣运动员的回传球后蓝色球衣运动员以一脚传球的方式将球传给在另一端的较大锥桶位置练习的运动员。球到达指定位置时，其他运动员可以按照相同的顺序进行训练。

诀窍

- 球被传出后，等待接球的运动员就可以开始跑向球。
- 传球的运动员必须调整自身的跑动速度来适应球的速度。
- 支撑腿往往距离球较远而且运动员身体向后倾斜。
- 传球的时间很重要。
- 运动员往往比他们在传球时要跑得快些。
- 传球必须具备力量和准确性。

锥桶距离

2个大锥桶间距25米。小锥桶与侧边的距离为6米，与各自后面大锥桶的距离为7米。

器材

4个锥桶。

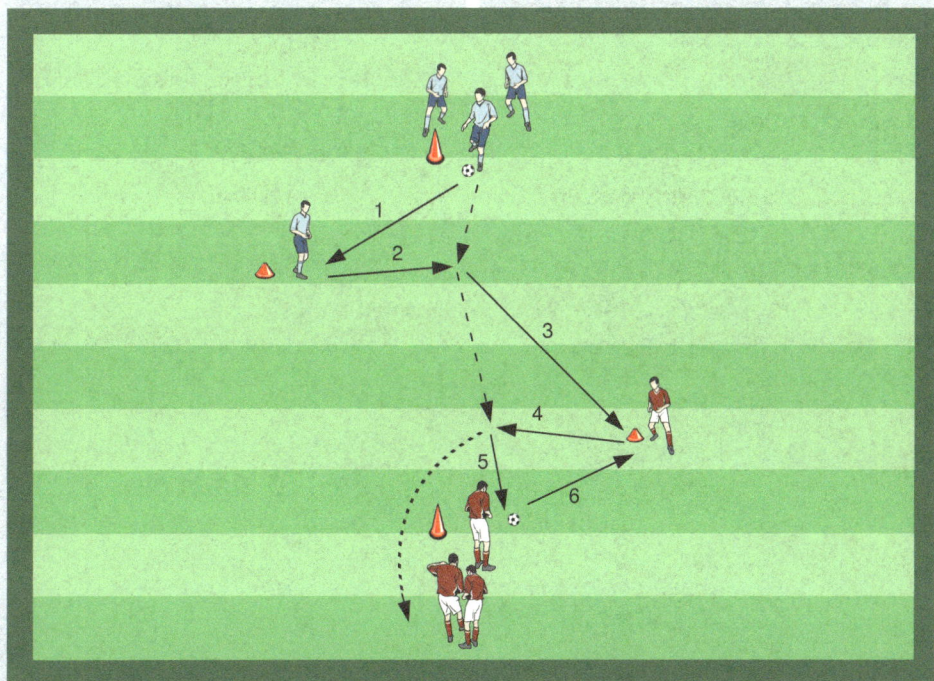

训练目的
- 球技（触球）

训练重点
- 传球

训练方面

技能方面：	一脚传球
年龄层次：	9岁以上
难度级别：	任意
训练类型：	分组训练
训练架构：	循序渐进，要点/重点
目标：	提高个人技能
参训运动员总数：	6名运动员
参加的运动员：	整支球队
训练场所：	任意
空间意识：	限定比赛场地
时长：	10~15分钟
生理机能：	足球特定耐力，力量和速度

组织方式

两端设置2个锥桶。每个锥桶旁边站立3名运动员。每组运动员都有1个球。

过程

每个动作都是一个连续的二过一。

运动员A将球传给运动员B。接着运动员A跑向运动员B的回传球并将球回传给运动员B。运动员B跑向运动员A的回传球。现在运动员B将球传向另外一侧（蓝色的一侧），另一侧的运动员再将球回传给运动员B，做二过一配合。接下来，在每一个侧边的运动员一个接一个地练习二过一。

诀窍

- 在传球时，等待接球的运动员就可以开始跑向球。
- 传球的运动员必须调整自身的跑动速度来适应球的速度。
- 支撑腿往往距离球较远而且运动员身体向后倾斜。
- 传球的时间很重要。
- 运动员往往比他们在传球时要跑得快些。
- 传球必须具备力量和准确性。

锥桶距离

　　垂直距离：25米。

器材

　　2个锥桶。

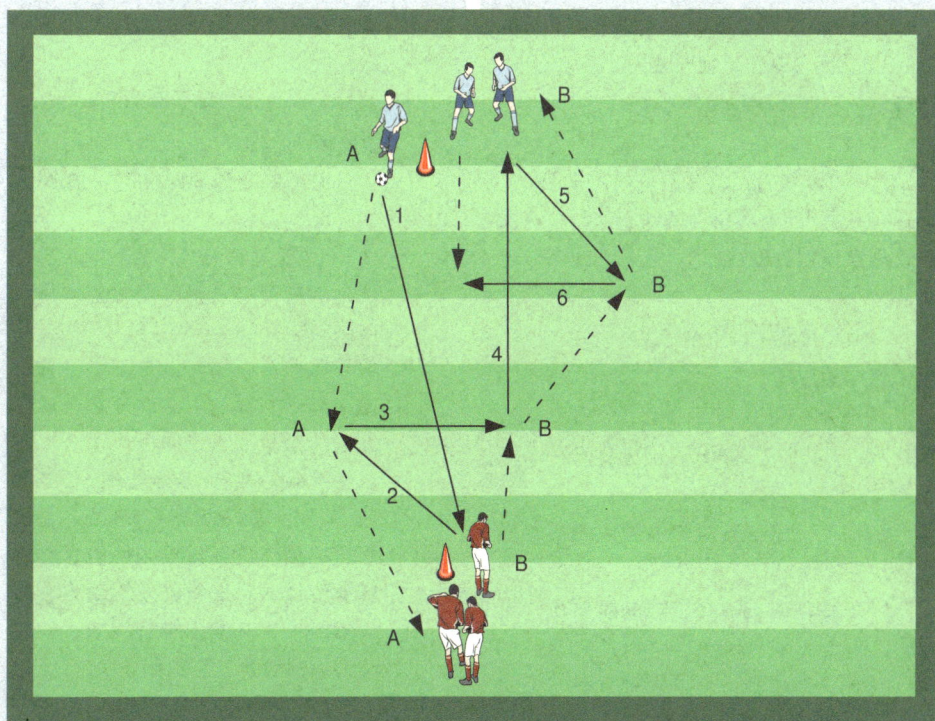

训练目的
- 球技（触球）

训练重点
- 传球

训练方面

技能方面：	一脚传球、踢墙式传球、传球经过多个位置
年龄层次：	9岁以上
难度级别：	任意
训练类型：	分组训练
训练架构：	热身，循序渐进，要点/重点
目标：	提高个人技能
参训运动员总数：	5名运动员
参加的运动员：	整支球队
训练场所：	任意
空间意识：	限定比赛场地
时长：	10~15分钟
生理机能：	足球特定耐力，力量和速度

组织方式

如图所示，使用锥桶设置方格。必须有2名运动员带球站在起跑位置。

过程

传球的顺序总是相同的。运动员B接住运动员A的传球后，将球回传给运动员A，然后运动员B绕着他出发的锥桶跑动并再次接住来自运动员A的传球。接着，他将球传给下一名运动员。每一名运动员在第二次传球之后都跑向下一个锥桶。

可供选择的方式

第一次传球必须是一脚传球，在第二次传球时，运动员可以采用两次触球的方式。

诀窍

运动员需要花费时间训练才能够掌握技巧。

- 在传球时，等待接球的运动员就可以开始跑向球。
- 传球的运动员必须调整自身的跑动速度来适应球的速度。
- 支撑腿往往距离球较远而且运动员身体向后倾斜。

- 传球的时间很重要。
- 运动员往往比他们在传球时要跑得快些。
- 传球必须具备力量和准确性。

更多重要的特点

支撑腿必须对准球同时在球一侧30~40厘米的位置。

- 使用内脚背传球时，足尖必须朝上，踝关节必须紧绷同时上半身稍微倾向球。
- 使用脚前掌，同时传球的脚必须稍微抬起击中球的中间位置。带动身体向前倾斜而不是向后倾斜。（可以使用相同的技术实现控球。）
- 在踢球时，脚必须跟着完成弧线动作。
- 手臂的动作也很重要：使用右侧内脚背传球时，左臂必须摆动到右髋位置；使用左侧内脚背传球时，右臂必须摆动到左髋位置。

- 使用外脚背传球时，运动员身体稍微向后倾斜。
- 使用脚前掌传球时，运动员以对角的方向接近球，触球时身体可以稍微斜向球的一侧。

锥桶距离

垂直距离：12米。

水平距离：12米。

器材

4个锥桶。

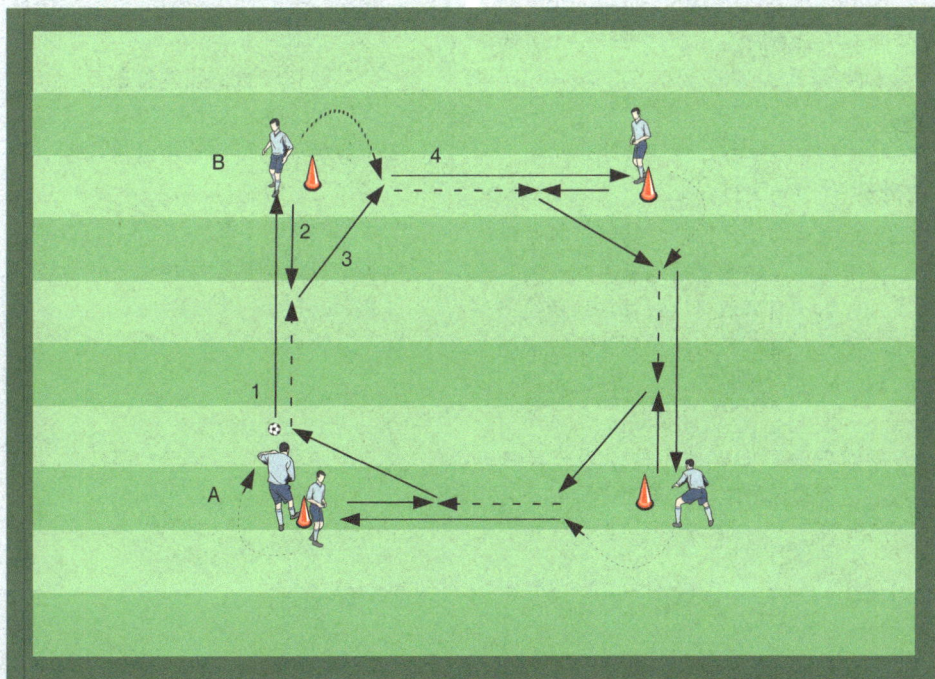

训练目的
- 球技（触球）

训练重点
- 传球

训练方面

技能方面：	一脚传球、踢墙式传球、传球经过多个位置
年龄层次：	9岁以上
难度级别：	任意
训练类型：	分组训练
训练架构：	热身，循序渐进，要点/重点
目标：	单独训练
参训运动员总数：	6名运动员
参加的运动员：	整支球队
训练场所：	任意
空间意识：	限定比赛场地
时长：	10~20分钟
生理机能：	足球特定耐力

组织方式

使用4个锥桶设置1个方格。在2个锥桶的位置有2名运动员，同时在另外2个锥桶的位置也有2名运动员。

过程

传球的顺序总是一样的。带球的运动员将球传给跑过来接球的第二名运动员。然后第二名运动员将球回传给第一名运动员，接着再绕过锥桶跑回他原来的位置。接下来，第一名运动员斜对着将球传给第二名运动员，第二名运动员则绕着锥桶跑动。每一名运动员在第二次传球之后都跑向下一个锥桶。

同时在对角位置使用两个球开始训练。在这些起始的锥桶位置上必须有一名以上的运动员。

诀窍

- 在传球时，等待接球的运动员就可以开始跑向球。
- 传球的运动员必须调整自身的跑动速度来适应球的速度。
- 支撑腿往往距离球较远而且运动员身体向后倾斜。
- 传球的时间很重要。
- 运动员往往比他们在传球时要跑得快些。
- 传球必须具备力量和准确性。

锥桶距离

　　垂直距离：12米。

　　水平距离：12米。

器材

　　4个锥桶。

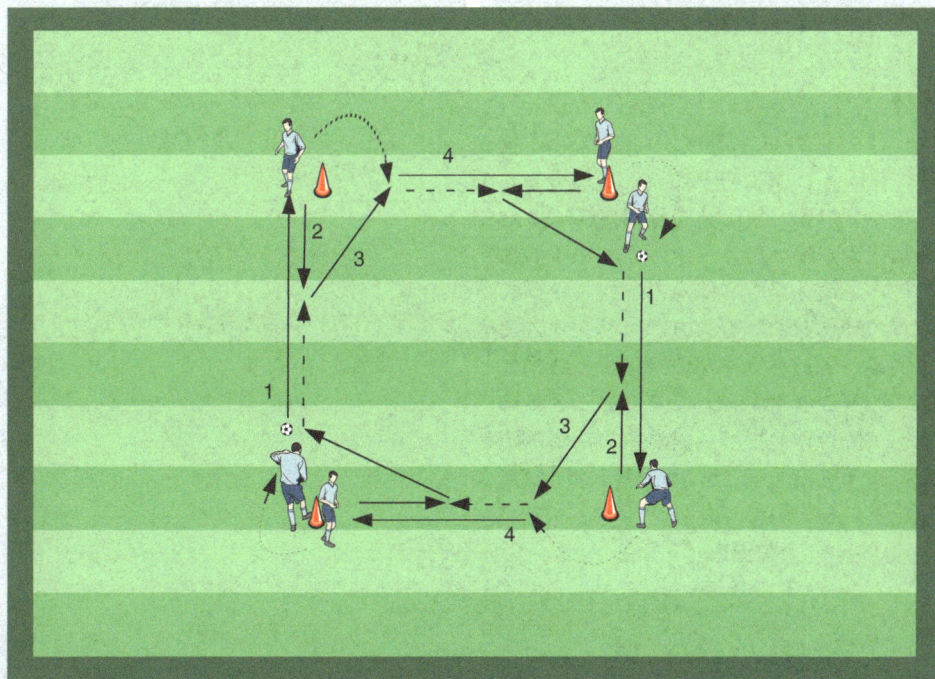

训练目的
- 球技（触球）

训练重点
- 传球

训练方面

技能方面：	一脚传球、踢墙式传球、传球经过多个位置
年龄层次：	9岁以上
难度级别：	高级、专业
训练类型：	分组训练
训练架构：	热身，循序渐进，要点/重点
目标：	进攻行为、分组提高个人技能
参训运动员总数：	5名运动员
参加的运动员：	整支球队
训练场所：	任意
空间意识：	限定比赛场地
时长：	10~15分钟
生理机能：	足球特定耐力、力量和速度

组织
如图所示，使用锥桶设置1个方格。2名运动员在起始点位置（球的位置）开始训练。

过程
第一名运动员开始按照传球顺序传球，将球（1）传给在他前面位置的第二名运动员。接着，第二名将球回传同时绕着锥桶跑动。接下来，第一名运动员跟着他的传球跑动，同时从斜对角方向将接到的回传的球踢向他的右前方。然后在他右前方的第三名运动员将球传给正在绕着锥桶跑动的第二名运动员。接着，第二名运动员以一脚传球的方式从斜对角方向将球传给右前方的运动员。运动员在第二次传球之后跑向下一个锥桶。按照传球顺序不断重复训练。传球，对角传球。

诀窍
- 在传球时，等待接球的运动员就可以开始跑向球。
- 传球的运动员必须调整自身的跑动速度来适应球的速度。
- 支撑腿往往距离球较远而且运动员身体向后倾斜。
- 传球的时间很重要。
- 运动员往往比他们在传球时要跑得快些。
- 传球必须具备力量和准确性。

锥桶距离

　　垂直距离：12米。

　　水平距离：12米。

器材

　　4个锥桶。

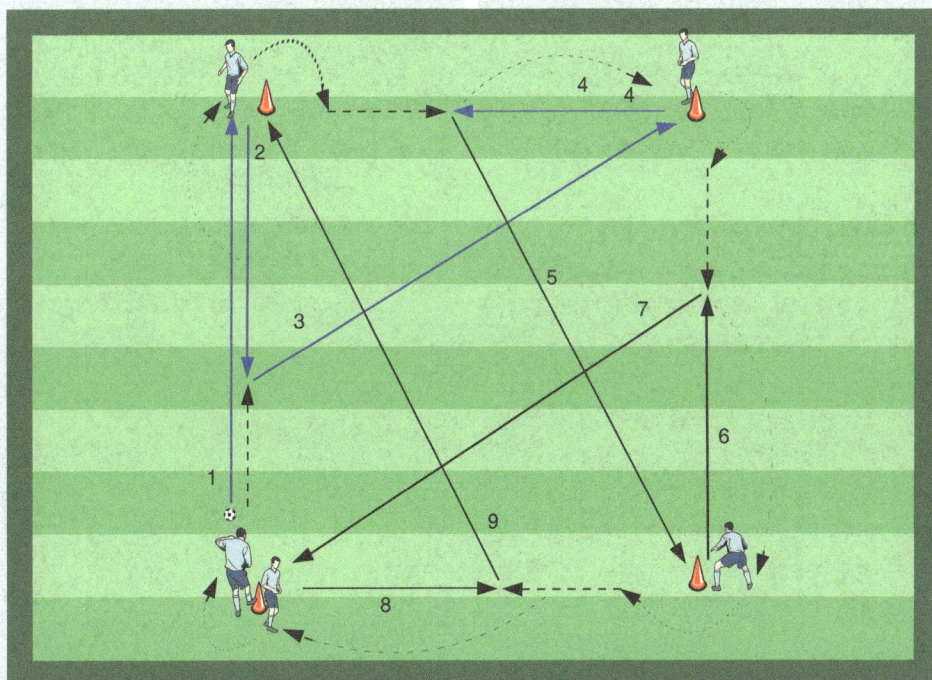

训练目的
- 球技（触球）

训练重点
- 传球

训练方面

技能方面：	一脚传球、踢墙式传球、传球经过多个位置、以不同阵式传球
年龄层次：	13岁以上
难度级别：	专业
训练类型：	分组训练
训练架构：	循序渐进
目标：	进攻行为、压力训练、趣味训练分组、提高个人技能
参训运动员总数：	7名运动员
参加的运动员：	整支球队
训练场所：	任意
空间意识：	限定比赛场地
时长：	10～20分钟
生理机能：	足球特定耐力、力量和速度

组织

使用4个锥桶设置1个方格。在对角2个锥桶位置有2名运动员，而在另外2个锥桶位置有1名运动员。1名运动员站在方格中间。

过程

训练中有6名运动员和2个球，运动员站在场地中间。至少同时有5名运动员（最好是7名运动员）和2个球按传球顺序进行训练。带球的运动员有很多选择，同时还可以自己决定传球的方向。中间的运动员虽然可以决定他自己传球的方向，但是他必须采用二过一方式与给他传球的运动员进行配合。所有的锥桶位置必须至少有一名运动员。每名运动员也可以根据情形决定跑向哪个锥桶。在可能的情况下，运动员必须跑向与他已经完成传球的另一个锥桶。

诀窍

- 重点是快速、不断变化且创新的传球和跑动方式。
- 训练要求注意力高度集中，同时有利于提高比赛智商。
- 总是有很多新的选择。
- 这个练习集中训练了预测、认知、反应、思考和跑动速度等能力。

锥桶距离

    垂直距离：12米。

    水平距离：12米。

器材

    4个锥桶。

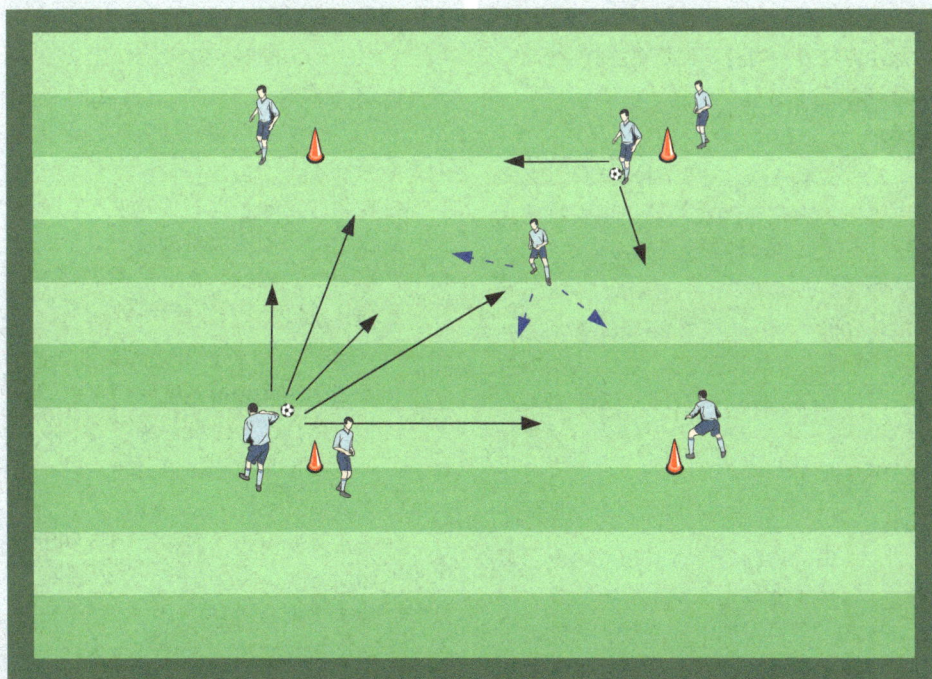

训练目的
- 球技（触球）

训练重点
- 传球

训练方面

技能方面：	一脚传球、踢墙式传球、传球经过多个位置以不同的阵式传球、短传
年龄层次：	15岁以上
难度级别：	专业
训练类型：	分组训练
训练架构：	循序渐进，要点/重点
目标：	进攻行为、分组提高个人技能
参训运动员总数：	7名运动员
参加的运动员：	整支球队
训练场所：	任意
空间意识：	限定比赛场地
时长：	10~20分钟
生理机能：	足球特定耐力、力量和速度

组织

如图所示放置6个锥桶。2名运动员站在起始点位置，同时其他每个锥桶位置有1名运动员。

过程

传球的顺序从运动员A和运动员B之间以二过一的方式开始，接着再以穿越场地传球的方式将球传给运动员C。运动员C将球传给跑动的运动员B并在传球之后立刻跑向侧边。接下来，运动员C传球并跑向运动员D的位置。运动员B占据了运动员C的位置，运动员C占据运动员D的位置而运动员A占据运动员B的位置。在另外一侧按照相同的顺序进行训练。

诀窍

- 准确、精确的传球对于成功的足球运动员来说是非常重要的技术。因此，必须定期训练传球。同时，不要忘记纠正运动员的错误并向其提供正确的演示。

更多重要的特点

- 支撑腿必须对准球同时在球一侧30~40厘米的位置。
- 使用内脚背传球时，足尖必须朝上，踝关节必须紧绷同时上半身稍微倾向球。
- 使用脚前掌，同时传球的脚必须稍微抬起击中球的中间位置。带动身体向前倾斜而不是向后倾斜。（可以使用相同的技术实现控球。）
- 在踢球时，脚必须跟着完成弧线动作。
- 手臂的动作也很重要：使用右侧内脚背传球时，左臂必须摆动到右髋位置；使用左侧内脚背传球时，右臂必须摆动到左髋位置。
- 使用外脚背传球时，运动员身体稍微向后倾斜。
- 使用脚前掌传球时，运动员以对角的方向接近球，触球时身体可以稍微斜向球的一侧。

锥桶距离

垂直距离：20米。

水平距离：20米。

器材

6个锥桶。

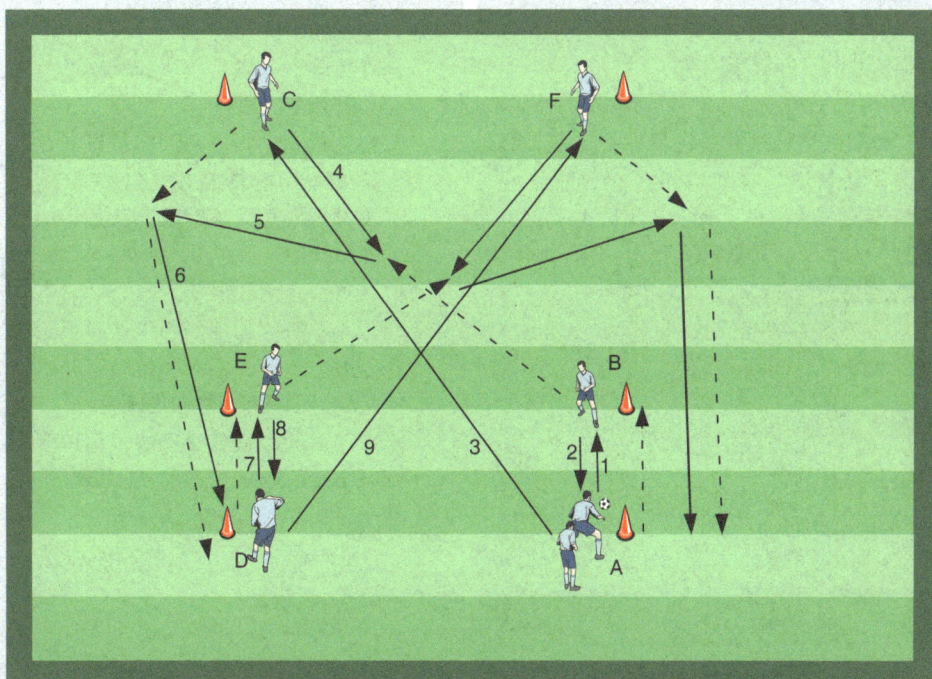

训练目的
- 球技（触球）

训练重点
- 传球
- 停球

训练方面

技能方面：	一脚传球、传球经过多个位置短传、运球
年龄层次：	9岁以上
难度级别：	任意
训练类型：	分组训练
训练架构：	热身，循序渐进，要点/重点
目标：	进攻行为、分组提高个人技能
参训运动员总数：	5名运动员
参加的运动员：	整支球队
训练场所：	任意
空间意识：	限定比赛场地
时长：	10～20分钟
生理机能：	足球特定耐力、力量和速度

组织方式

如图所示放置8个锥桶。有2名运动员站立的锥桶是起始点位置。

过程

运动员A将球传过锥桶球门。运动员B带球并快速运球跑向下一个锥桶。接着，运动员A占据运动员B的位置，运动员B在将球传给运动员C后，跑向运动员C的位置。

运动员（C和D）按照相同的传球顺序继续训练。

诀窍

- 在传球时，等待接球的运动员就可以开始跑向球。
- 传球的运动员必须调整自身的跑动速度来适应球的速度。
- 支撑腿往往距离球较远而且运动员身体向后倾斜。
- 传球的时间很重要。
- 运动员往往比他们在传球时要跑得快些。
- 传球必须具备力量和准确性。
- 小步跑可以确保正确的运球速度。球与脚的距离不能超过50厘米。

锥桶距离

拐角锥桶之间的距离：15米。

中间锥桶之间的距离：7.5米。

锥桶球门大小：2米。

器材

8个锥桶。

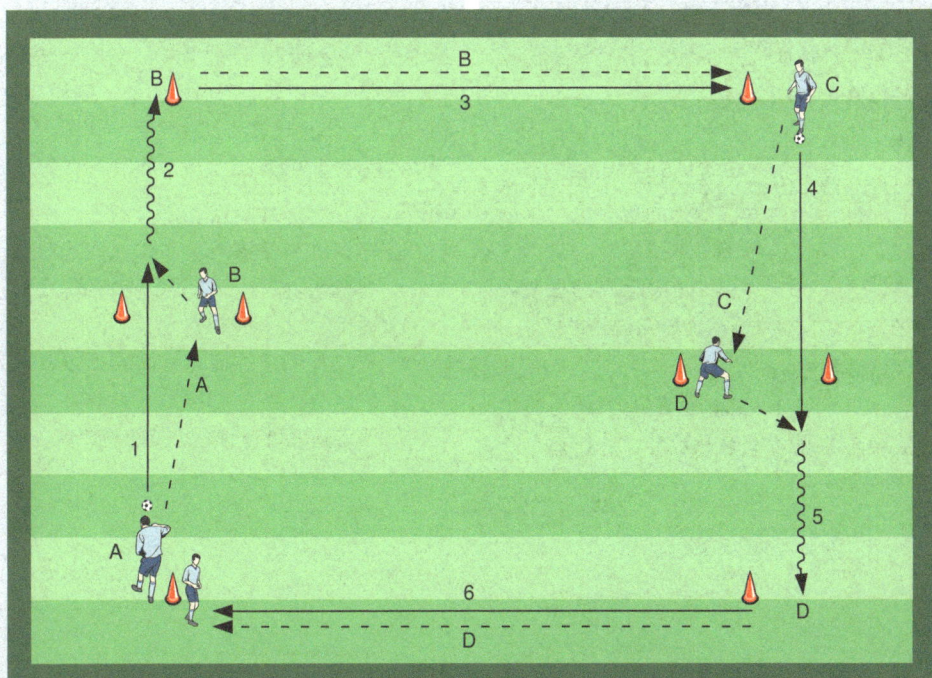

训练目的
- 球技（触球）

训练重点
- 传球

训练方面

技能方面：	一脚传球、控球
年龄层次：	9岁以上
难度级别：	任意、高级
训练类型：	分组训练
训练架构：	热身、循序渐进
目标：	进攻行为、分组提高个人技能
参训运动员总数：	9～10名运动员
参加的运动员：	整支球队
训练场所：	任意
空间意识：	限定比赛场地
时长：	10～20分钟
生理机能：	足球特定耐力、力量和速度

组织方式

设置2个方格，1个大方格和1个小方格。每个锥桶的位置有1名运动员。起跑点锥桶位置有2名运动员和1个球。

过程

以对角线方式开始传球。外方格的运动员将球传给内方格的运动员，内方格的运动员相互传球后再将球传出内方格。连续重复这3个变化。每名运动员跟着自己所传的球跑动，同时连接他所跑过的锥桶。

可供选择的方式

一开始运动员最多有三次触球的机会，接下来是两次触球机会，然后是一次触球机会。

训练顺利进行时，就可以加入第二个球。在锥桶A和锥桶B的位置同时开始训练。这个变化有2个球，因此需要10名运动员。每个起跑点锥桶都有两名运动员（例如，A和B）。这样运动员必须关注另一个球，以便同时保持节奏和两球之间的距离。

诀窍

- 在训练中使用两次触球的方式时，（控球+传球）必须注意脚的位置同时相应地纠正脚法。
- 接球员在接住传球之前必须以动态的假动作避开运动员。
- 沿着地面进行有力且准确地传球。
- 脚必须在传球时稍微抬起。

锥桶距离

    外方格

    垂直距离：24米。

    水平距离：24米。

    内方格

    垂直距离：6米。

    水平距离：6米。

器材

    8个锥桶。

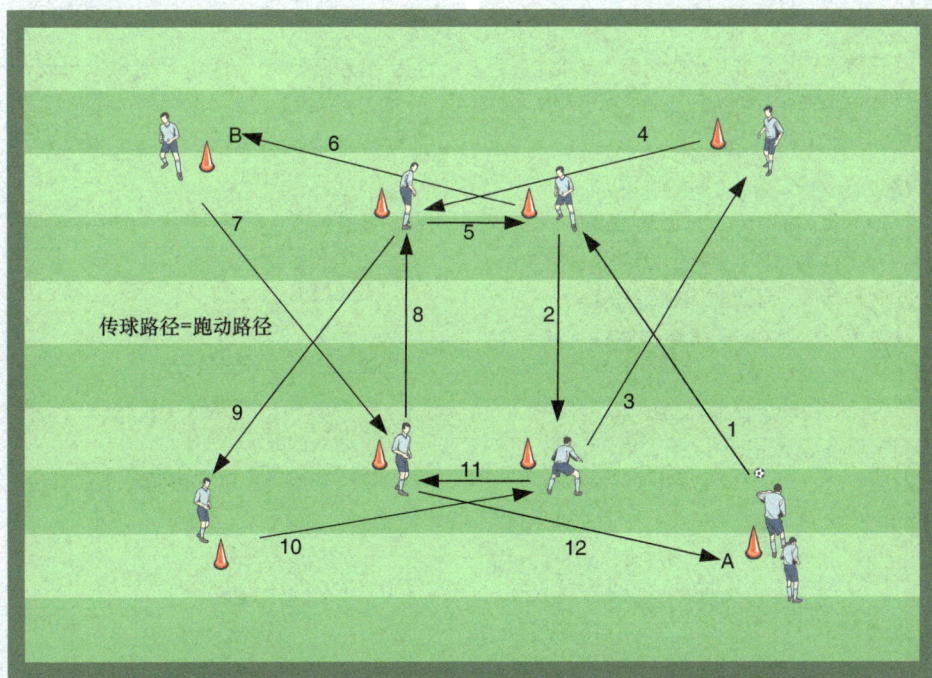

传球路径=跑动路径

训练目的

- 球技（触球）

训练重点

- 传球

训练方面

技能方面：	一脚传球、踢墙式传球、传球经过多个位置
年龄层次：	15岁以上
难度级别：	初级
训练类型：	分组训练
训练架构：	热身、循序渐进、要点/重点
目标：	进攻行为、分组提高个人技能
参训运动员总数：	9名运动员
参加的运动员：	整支球队
训练场所：	任意
空间意识：	限定比赛场地
时长：	10～20分钟
生理机能：	足球特定耐力、力量和速度

组织方式

设置1个大的方格和1个小的方格。每个锥桶位置有1名运动员。在起始点锥桶位置有2名运动员。

过程

运动员A将球传给与运动员H进行二过一训练的运动员B。接着，运动员B将球传给与运动员G进行二过一训练的运动员C。运动员A、B、C和D在传球之后跑向另一个位置。运动员E、F、G和H按照相同的顺序完成传球和跑动。他们跑向传球员，在完成二过一训练后跑回锥桶位置。运动员们总是按照相同的顺序在相同的方向进行训练。

诀窍

- 运动员必须给传球运动员发出信号（要求）。
- 等待接球的运动员在球被传过来时就开始跑向球。
- 传球运动员的跑动速度必须适应球的速度。
- 支撑腿往往距离球较远，运动员身体向后倾斜。
- 传球的时机非常重要。
- 运动员跑动的速度比传球人的速度往往要快些。
- 传球必须具备力量和准确性。

锥桶距离

外方格

垂直距离：24米。

水平距离：24米。

内方格

垂直距离：12米。

水平距离：12米。

器材

8个锥桶。

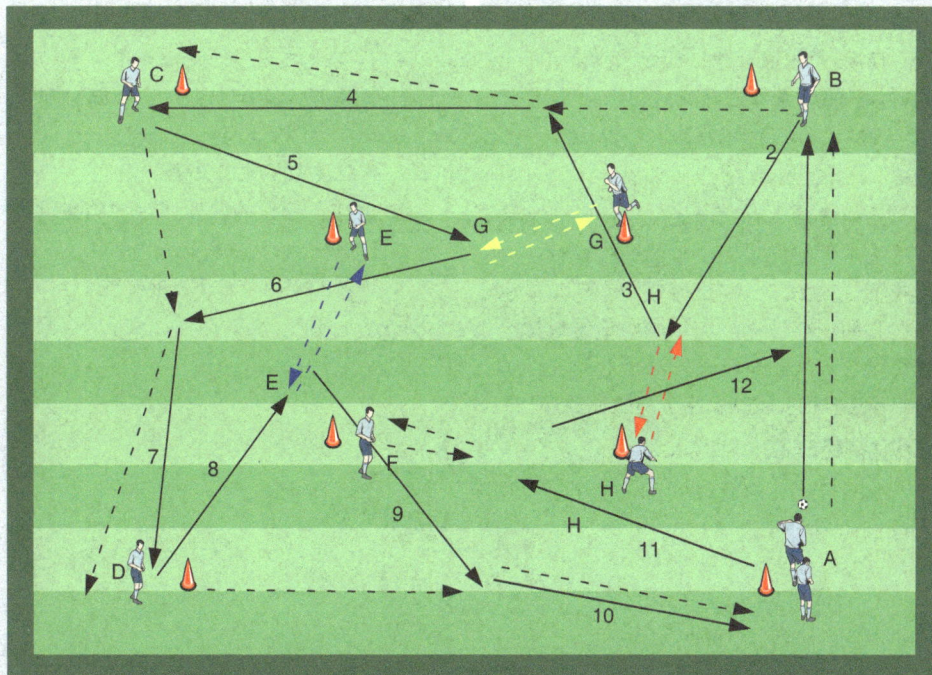

37 在2个方格中传球 Ⅲ

训练目的

- 球技（触球）

训练重点

- 传球

训练方面

技能方面：	一脚传球、传球经过多个位置、短传
年龄层次：	9岁以上
难度级别：	任意
训练类型：	分组训练
训练架构：	热身、循序渐进、要点/重点进攻行为、分组提高个人技能
目标：	进攻行为
参训运动员总数：	8名运动员
参加的运动员：	整支球队
训练场所：	任意
空间意识：	限定比赛场地
时长：	10～20分钟
生理机能：	足球特定耐力、力量和速度

组织

使用8个锥桶设置1个大的方格和1个小的方格。每个锥桶位置有1名运动员。在开始位置的运动员带有1个球。

过程

外部锥桶位置的运动员以一脚传球的方式传球后跑向水平位置的外部锥桶。内部锥桶位置的球员在二过一配合后跑向水平位置的内部锥桶。可以不断地重复这个训练组合。如图所示，运动员分别在外方格或者内方格中改变水平方向的位置。

可供选择的方式

运动员在几分钟以后可以变为在内外方格间交替跑动。

诀窍

- 这个训练会让运动员感到非常疲劳。
- 支撑腿往往距离球较远，运动员身体向后倾斜。
- 传球的时机非常重要。
- 运动员跑动的速度比传球的速度往往要快些。
- 传球必须具备力量和准确性。

锥桶距离

外方格

垂直距离：20米。

水平距离：20米。

内方格

垂直距离：10米。

水平距离：10米。

器材

8个锥桶。

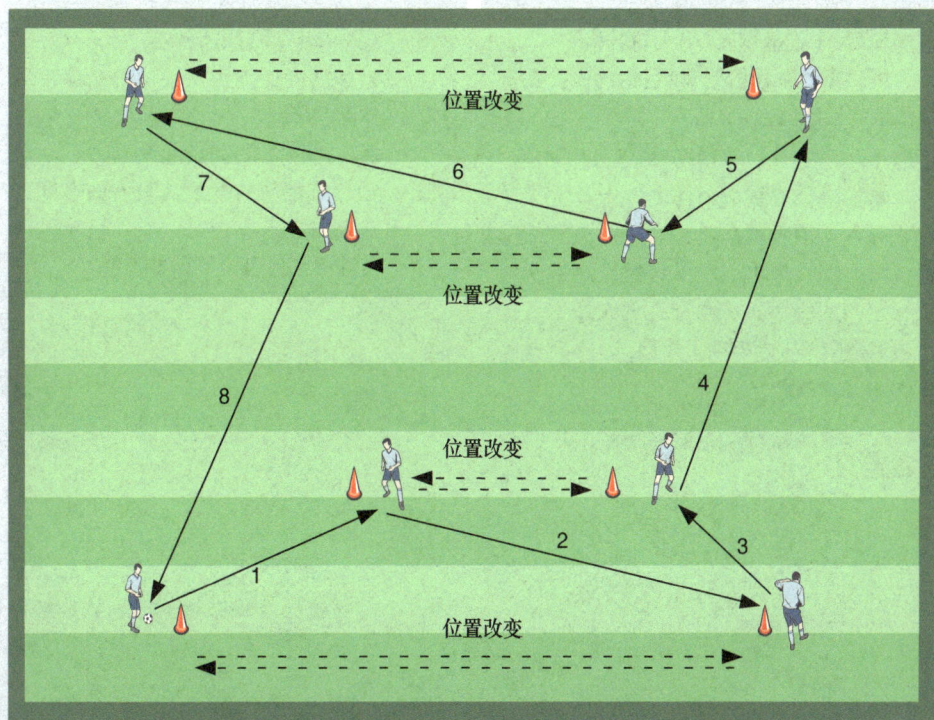

训练目的

- 球技（触球）

训练重点

- 传球

训练方面

技能方面：	一脚传球、传球经过多个位置、短传
年龄层次：	9岁以上
难度级别：	任意
训练类型：	分组训练
训练架构：	循序渐进、要点/重点
目标：	进攻行为、分组提高个人技能
参训运动员总数：	8名运动员
参加的运动员：	整支球队
训练场所：	任意
空间意识：	限定比赛场地
时长：	10～20分钟
生理机能：	足球特定耐力、力量和速度

组织

使用8个锥桶设置1个大的方格和1个小的方格。每个锥桶位置有1名运动员。在开始位置的运动员带1个球。

过程

第一个传球是横向传球（水平），接着将球传向内方格锥桶，并再由内方格锥桶位置运动员传出。要求按照顺序不断地进行相同的传球。运动员分别在外方格或者内方格中的垂直方向上跑动。

可供选择的方式

运动员在几分钟以后可以变为在内外方格间交替跑动。

诀窍

- 这个训练会让运动员感到非常疲劳。
- 支撑腿往往距离球较远，运动员身体向后倾斜。
- 传球的时机非常重要。
- 运动员跑动的速度比过人的速度往往要快些。
- 传球必须具备力量和准确性。

锥桶距离

外方格

垂直距离：20米。

水平距离：20米。

内方格

垂直距离：10米。

水平距离：10米。

器材

8个锥桶。

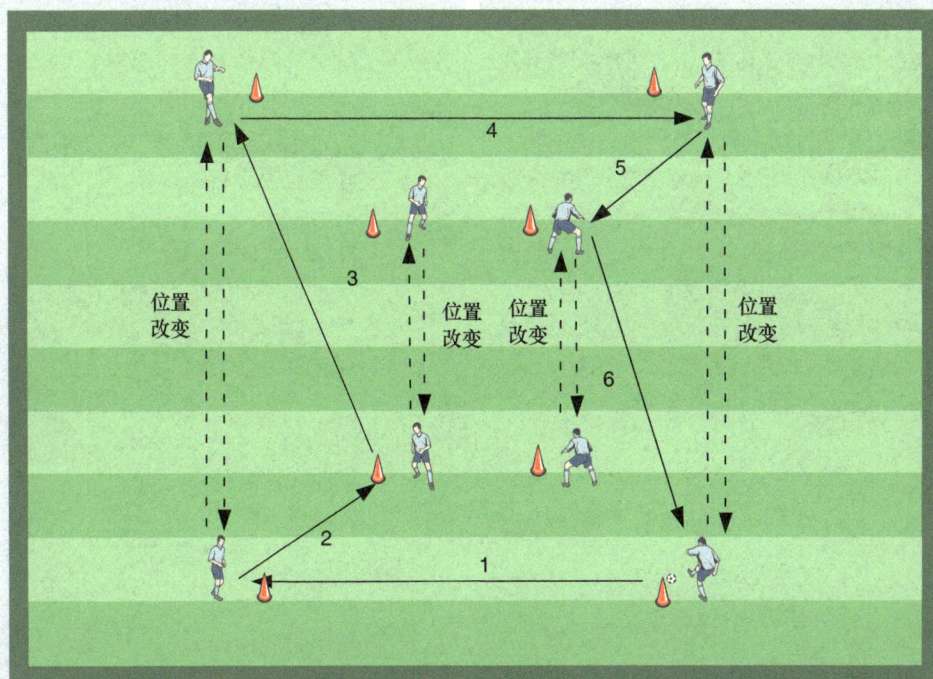

训练目的
- 球技（触球）

训练重点
- 传球

训练方面

技能方面：	一脚传球、传球经过多个位置、短传
年龄层次：	9岁以上
难度级别：	初级
训练类型：	分组训练
训练架构：	循序渐进、要点/重点
目标：	提高个人技能
参训运动员总数：	10名运动员
参加的运动员：	整支球队
训练场所：	任意
空间意识：	限定比赛场地
时长：	10~20分钟
生理机能：	足球特定耐力、力量和速度

组织方式

使用8个锥桶设置1个大的方格和1个小的方格。10名运动员都站在锥桶位置。2个开始位置的锥桶必须有1名以上的运动员。

过程

训练一开始是2名运动员在开始位置以横向传球的方式将球传到旁边的位置。接下来接到球的运动员向最近的内方格锥桶位置传球。内方格运动员接到球后将球传给外方格的下一名运动员。运动员在完成每次传球之后改变水平位置，这样运动员就可以在训练中一直变化位置并不断地跑动。

可供选择的方式

运动员在几分钟以后从内方格跑向外方格。

诀窍

- 这个训练会让运动员感到非常疲劳。
- 支撑腿往往距离球较远，运动员身体向后倾斜。
- 传球的时机非常重要。
- 运动员跑动的速度比过人的速度往往要快些。
- 传球必须具备力量和准确性。

锥桶距离

外方格

垂直距离：20米。

水平距离：20米。

内方格

垂直距离：10米。

水平距离：10米。

器材

8个锥桶。

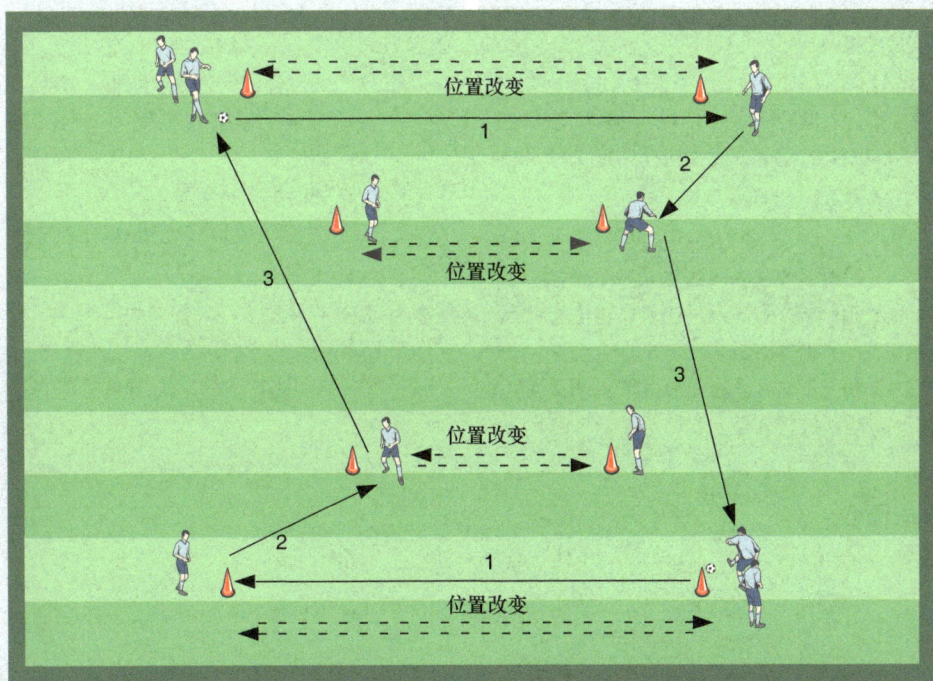

40 在2个方格中传球 VI

训练目的

- 球技（触球）

训练重点

- 传球

训练方面

技能方面:	一脚传球、传球经过多个位置、三角形传球、短传
年龄层次:	9岁以上
难度级别:	任意
训练类型:	分组训练
训练架构:	循序渐进、要点/重点
目标:	进攻行为、分组提高个人技能
参训运动员总数:	8名运动员
参加的运动员:	整支球队
训练场所:	任意
空间意识:	限定比赛场地
时长:	10～20分钟
生理机能:	足球特定耐力、力量和速度

组织方式

使用8个锥桶设置1个大的方格和1个小的方格。如图所示分为2组，2名运动员在第1个锥桶的位置。每组有4名运动员和1个球。

过程

开始时运动员A向运动员B传球，接着运动员B传球给跑向运动员A起始位置的运动员C。运动员C接球后将球回传到开始位置的运动员D。另外一边的4名运动员可以同时跑动并进行训练。

诀窍

- 这个训练会让运动员感到非常疲劳。
- 支撑腿往往距离球较远，运动员身体向后倾斜。
- 传球的时机非常重要。
- 运动员跑动的速度比传球的速度往往要快些。
- 传球必须具备力量和准确性。
- 传球的准确性比传球的速度更重要。
- 第二次传球必须传给跑向球的运动员。

锥桶距离

外方格

垂直距离：20米。

水平距离：20米。

内方格

垂直距离：10米。

水平距离：10米。

器材

8个锥桶。

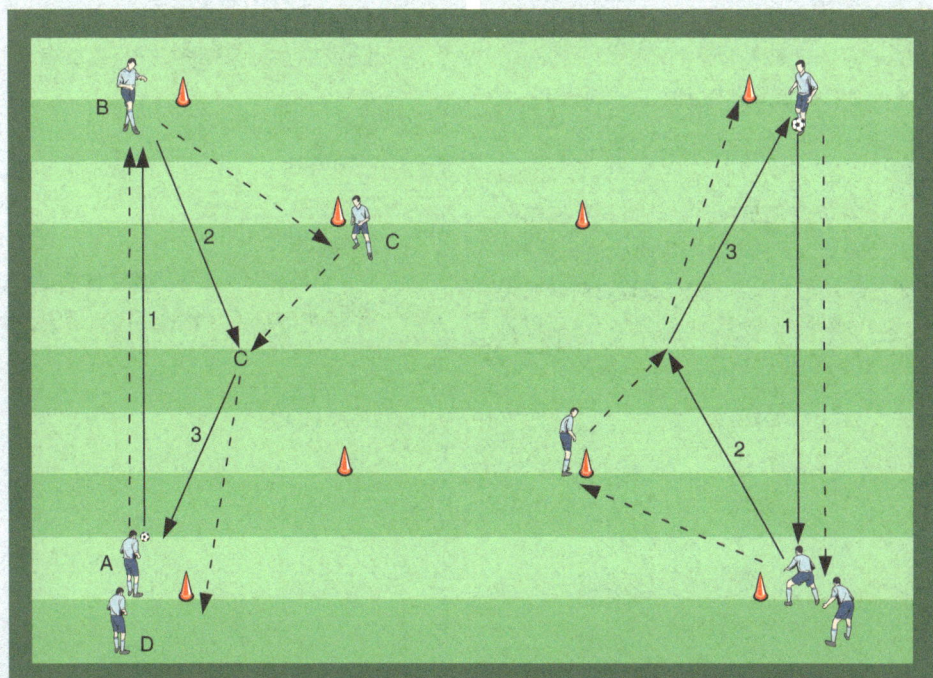

41 在2个方格中传球 Ⅶ

训练目的

- 球技（触球）

训练重点

- 传球

训练方面

技能方面：	一脚传球、传球经过多个位置、短传
年龄层次：	9岁以上
难度级别：	高级
训练类型：	分组训练
训练架构：	循序渐进、要点/重点
目标：	进攻行为、提高个人技能
参训运动员总数：	16名或者16名以上运动员
参加的运动员：	整支球队
训练场所：	任意
空间意识：	限定比赛场地
时长：	10～20分钟
生理机能：	足球特定耐力、力量和速度

组织方式

使用8个锥桶设置1个大的方格和1个小的方格。如图所示分为4组，2名运动员在第一个锥桶位置开始训练。每组有4名运动员和1个球。

过程

训练从运动员A到运动员B的长传开始，接着运动员B传球给跑向运动员A起始位置的运动员C。运动员C接球后将球回传到开始位置的运动员D。其他3组锥桶位置的运动员可以同时进行训练，每场训练可以有4组运动员参加。

诀窍

- 这个训练会让运动员感到非常疲劳。
- 支撑腿往往距离球较远，运动员身体向后倾斜。
- 传球的时机非常重要。
- 运动员跑动的速度比传球的速度往往要快些。
- 传球必须具备力量和准确性。
- 传球的准确性比传球的速度更重要。
- 第二次传球必须传给跑向球的运动员。

锥桶距离

外方格

垂直距离：20米。

水平距离：20米。

内方格

垂直距离：10米。

水平距离：10米。

器材

8个锥桶。

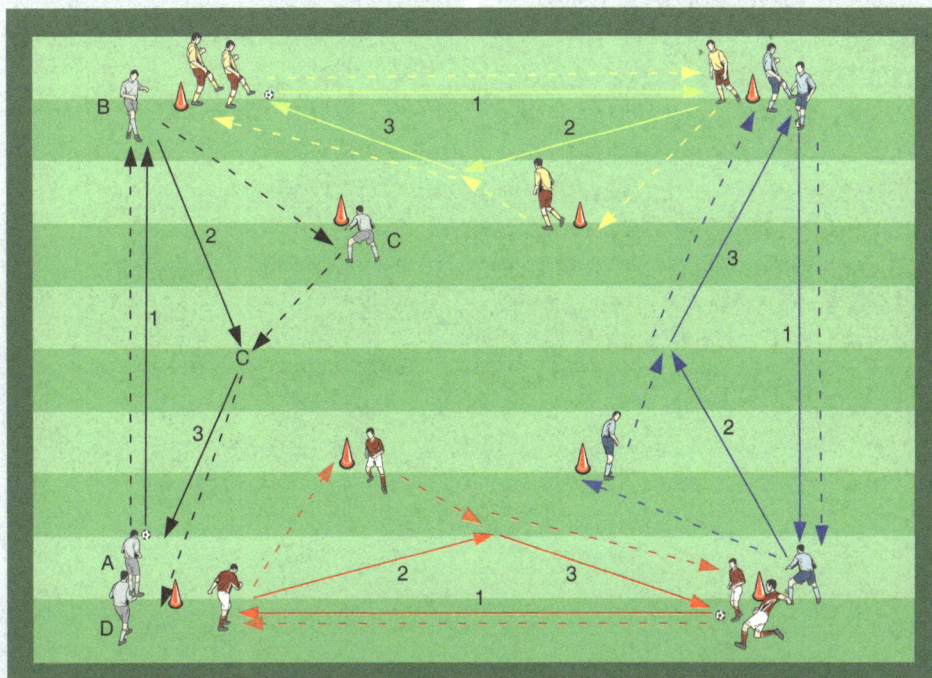

训练目的

- 球技（触球）

训练重点

- 传球

训练方面

技能方面：	一脚传球、传球经过多个位置、以不同阵式传球、短传
年龄层次：	13岁以上
难度级别：	高级、专业
训练类型：	分组训练
训练架构：	热身、循序渐进、要点/重点
目标：	进攻行为、分组、提高个人技能
参训运动员总数：	7名运动员
参加的运动员：	整支球队
训练场所：	任意
空间意识：	限定比赛场地
时长：	10～20分钟
生理机能：	足球特定耐力、力量和速度

组织

设置2个相邻的三角形。每个锥桶位置有1名运动员。2名运动员站在开始位置。

过程

运动员D一开始以穿过场地的方式将球传给运动员A，接着跑向锥桶Ⅵ。运动员A与运动员B完成二过一传球，同时占据运动员C的锥桶Ⅳ位置。运动员B跑向锥桶Ⅴ。运动员C将球传给运动员F，然后跑向锥桶Ⅲ。接着运动员F与运动员E完成二过一传球然后跑向锥桶Ⅰ。不断地重复练习传球和跑动，直到每名运动员都完成了占据各个位置的训练。

诀窍

- 这个训练会让运动员感到非常疲劳，同时要求运动员具备较高的运动智商。
- 支撑腿往往距离球较远，运动员向后倾斜。
- 传球的时机非常重要。
- 不要忘记跑动。
- 传球必须具备力量和准确性。
- 传球的准确性比传球的速度更重要。
- 必须一直保持精力集中。
- 要求运动员在带球和不带球跑动的情况下必须一直具备预期、意识、反应、速度等能力。

锥桶距离

外方格

垂直距离：20米。

水平距离：20米。

内方格

水平距离：10米。

器材

6个锥桶。

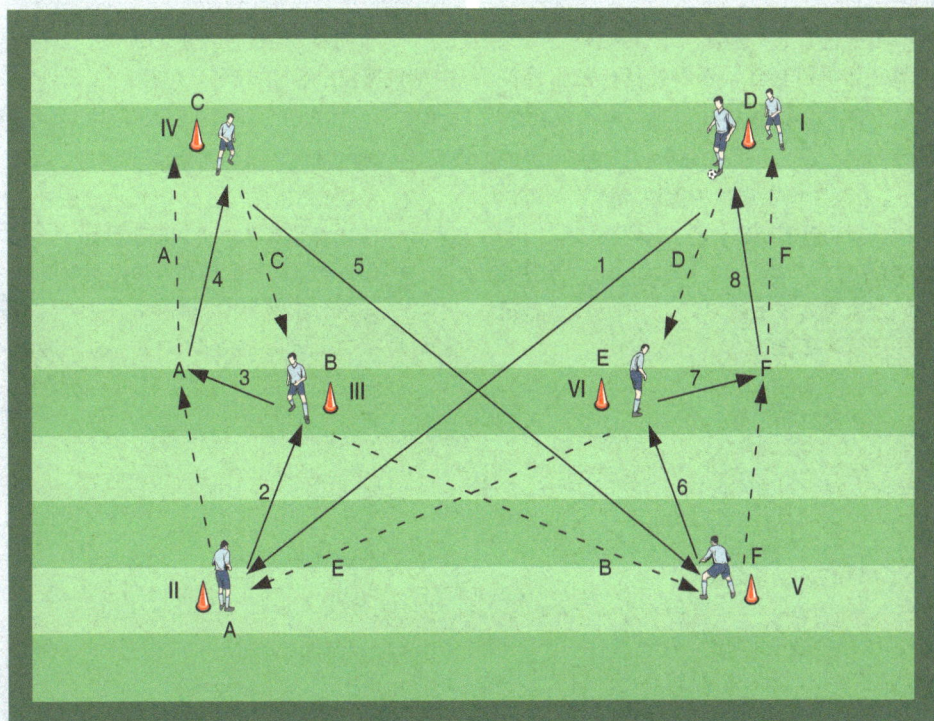

43 根据选项在方格中传球 II

训练目的

- 球技（触球）

训练重点

- 传球

训练方面

技能方面：	一脚传球、踢墙式传球、传球经过多个位置、在正方形中传球、短传
年龄层次：	12岁以上
难度级别：	任意
训练类型：	分组训练
训练架构：	热身、循序渐进、要点/重点
目标：	进攻行为、提高个人技能
参训运动员总数：	9~10名运动员
参加的运动员：	整支球队
训练场所：	任意
空间意识：	限定比赛场地
时长：	10~20分钟
生理机能：	足球特定耐力、力量和速度

组织

需要设置1个方格。每个锥桶有2名运动员开始进行训练，同时在开始的锥桶位置有3名运动员。

过程

3名运动员在锥桶位置开始训练。运动员A将球传给跑向球（1）的运动员B，接着运动员A接回传球（2）。运动员A以穿过场地的方式将球传给运动员C。如图所示，按顺序进行训练。

回传球的运动员和长传球的运动员交换。不断地按顺序重复训练。

可供选择的方式

可以同时使用2个球进行训练。2个斜对的位置至少必须有2名运动员。

诀窍

- 传球的时机非常重要。
- 不要忘记跑动。
- 传球必须具备力量和准确性。
- 传球的准确性比传球的速度更重要。
- 必须一直保持精力集中。
- 要求运动员在带球和不带球跑动的情况下必须一直具备预期、意识、反应、速度等能力。

锥桶距离

    垂直距离：15米。

    水平距离：15米。

器材

    4个锥桶。

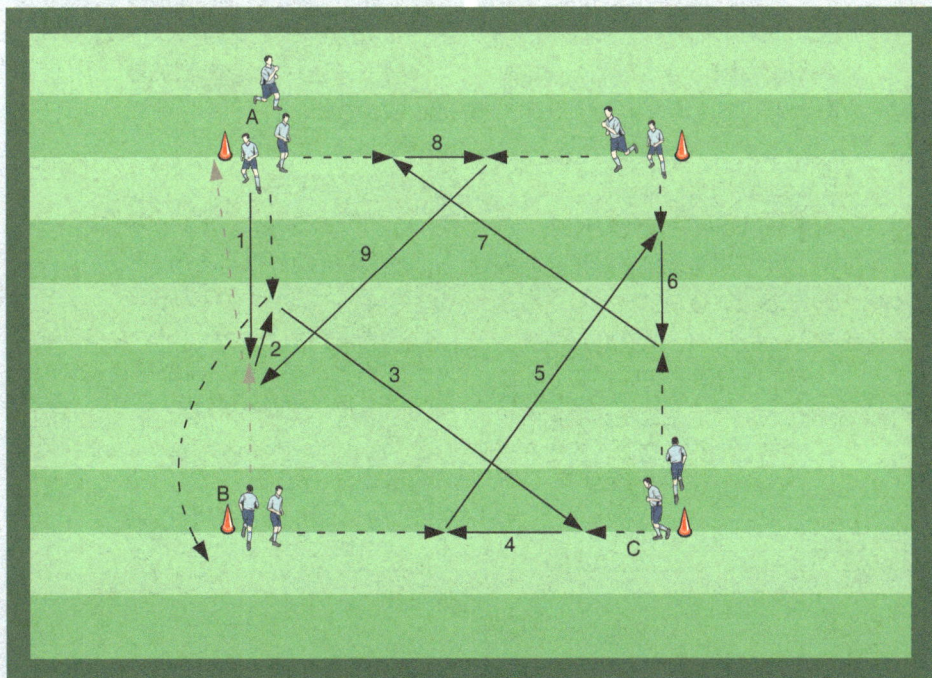

训练目的

- 球技（触球）

训练重点

- 传球

训练方面

技能方面：	一脚传球、踢墙式传球、传球经过多个位置、在正方形中传球、短传
年龄层次：	13岁以上
难度级别：	高级
训练类型：	分组训练
训练架构：	热身、循序渐进、要点/重点
目标：	进攻行为、提高个人技能
参训运动员总数：	7名运动员
参加的运动员：	整支球队
训练场所：	任意
空间意识：	限定比赛场地
时长：	10~20分钟
生理机能：	足球特定耐力、力量和速度

组织

如图所示放置6个锥桶，使用4个锥桶设置外方格，接着在外方格里面再放置2个锥桶。每个锥桶位置有1名运动员。开始时锥桶的位置必须有2名运动员。

过程

训练从有2名运动员的锥桶位置开始。第一次是向最近的内部锥桶位置传球，然后将球回传（2）。接着，以穿过场地的方式传球（3）。然后，运动员完成黑色虚线与蓝色虚线跑动传球（4）。在相反的方向（5~8）按照相同的顺序完成训练。外面的4名运动员分别沿着黑色虚线与蓝色虚线跑动。中间的2名运动员在跑过外面的锥桶（红色虚线）之后斜对着跑动。

诀窍

- 这个训练会让运动员感到非常疲劳，同时要求运动员具备较高的运动智商。
- 支撑腿往往距离球较远，运动员向后倾斜。
- 传球的时机非常重要。
- 不要忘记跑动。
- 传球必须具备力量和准确性。
- 传球的准确性比传球的速度更重要。
- 必须一直保持精神集中。
- 要求运动员在带球和不带球跑动的情况下必须一直具备预期、意识、反应、速度等能力。

锥桶距离

> **外方格**
>
> 垂直距离：15米。
>
> 水平距离：15米。
>
> **中间锥桶之间**
>
> 垂直距离：6米。

器材

> 6个锥桶。

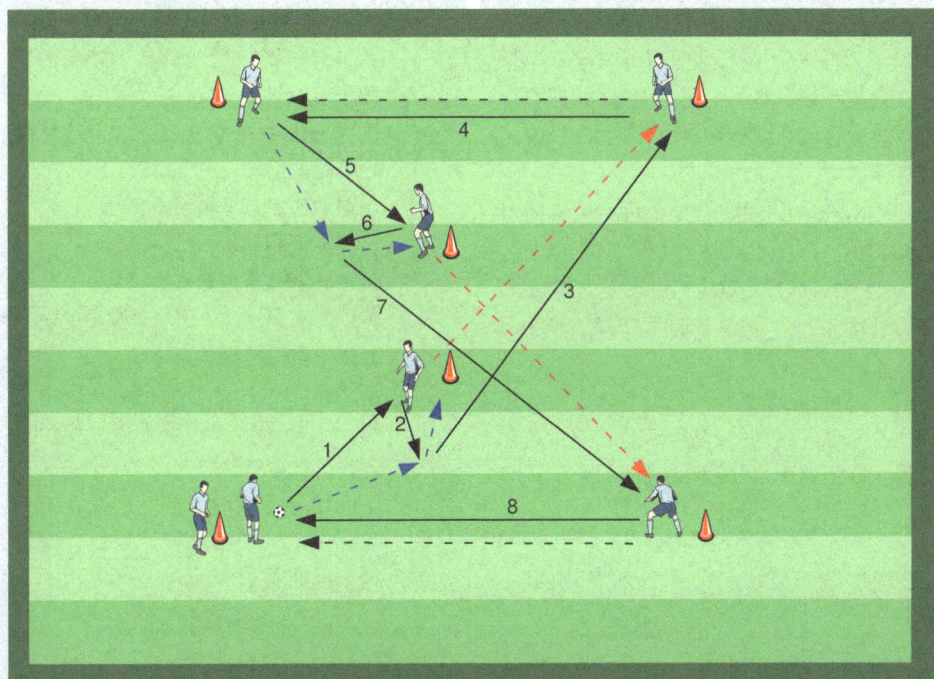

45 以组合的方式在方格中传球 II

训练目的

- 球技（触球）

训练重点

- 传球

训练方面

技能方面：	一脚传球、踢墙式传球、传球经过多个位置、短传
年龄层次：	9岁以上
难度级别：	高级
训练类型：	分组训练
训练架构：	热身、循序渐进、要点/重点
目标：	进攻行为、提高个人技能
参训运动员总数：	10名运动员
参加的运动员：	整支球队
训练场所：	任意
空间意识：	限定比赛场地
时长：	10～20分钟
生理机能：	足球特定耐力、力量和速度

组织

如图所示放置6个锥桶。使用4个锥桶设置外方格，同时在方格里面放置2个锥桶。每个锥桶位置有1名运动员。开始时锥桶位置必须有2名以上运动员。

过程

在3名运动员站立的2个锥桶位置同时开始训练。在完成第一次传球（1）与回传球（2）后，进行穿过场地传球（3），然后进行横传（4）。另一侧按照相同的顺序开始训练。

4名外部运动员分别沿着黑色虚线与蓝色虚线跑动。中间的2名运动员在跑过外部锥桶（红色虚线）之后斜对着跑动。

诀窍

- 这个训练会让运动员感到非常疲劳，同时要求运动员具备较高的运动智商。
- 支撑腿往往距离球较远，运动员向后倾斜。
- 传球的时机非常重要。
- 不要忘记跑动。
- 传球必须具备力量和准确性。
- 传球的准确性比传球的速度更重要。
- 必须一直保持精神集中。
- 要求运动员在带球和不带球跑动的情况下必须一直具备预期、意识、反应、速度等能力。
- 训练中必须同时跑动。因此，运动员之间必须保持沟通，同时注意其他人的训练。

锥桶距离

外方格

垂直距离：15米。

水平距离：15米。

中间锥桶之间

垂直距离：6米。

器材

6个锥桶。

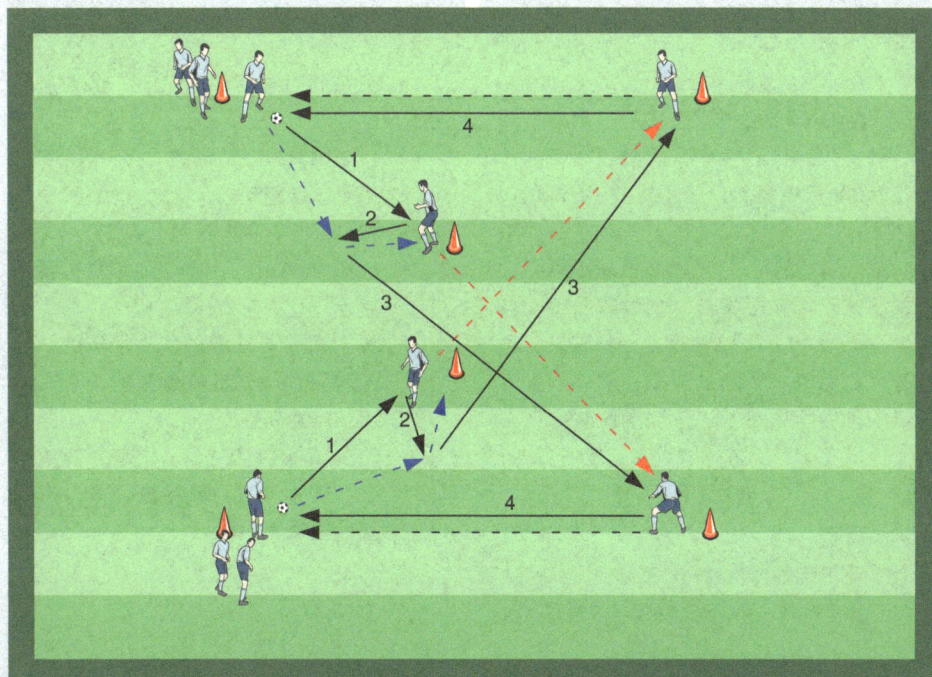

训练目的
- 球技（触球）

训练重点
- 传球

训练方面

技能方面：	传球经过多个位置、以不同的阵式传球、在正方形中传球、短传、长传
年龄层次：	13岁以上
难度级别：	高级
训练类型：	分组训练
训练架构：	热身、循序渐进、要点/重点
目标：	进攻行为、提高个人技能
参训运动员总数：	8名运动员
参加的运动员：	整支球队
训练场所：	任意
空间意识：	限定比赛场地
时长：	10~20分钟
生理机能：	足球特定耐力、力量和速度

过程

运动员配对进行练习：

（A+A）– 红队
（B+B）– 黄队
（C+C）– 蓝队
（D+D）– 灰队

具备控球权的两支球队必须在将球传给场地3的运动员之前至少完成3次传球。第三支球队必须通过巧妙施压和积极拦截的方式拦截抢球。完成拦截抢球之后，他们接下来可以与丢失控球权的球队交换位置。在成功完成了3次传球之后，球队必须将球传到另一个场地的D+D。防守的配对球队必须密切跟踪快速传球的配对球队，直到他们完成了拦截抢球或者完成最多2分钟的训练。

可供选择的方式
- 不限定触球次数。
- 限定触球次数（例如，1~3次触球）。

诀窍

- 这个训练会让运动员感到非常疲劳，同时要求运动员具备较高的运动智商。
- 支撑腿往往距离球较远，运动员向后倾斜。
- 传球的时机非常重要。
- 不要忘记跑动。
- 传球必须具备力量和准确性。
- 传球的准确性比传球的速度更重要。
- 必须一直保持精神集中。
- 要求运动员在带球和不带球跑动的情况下必须一直具备预期、意识、反应、速度等能力。
- 这个训练的目的是从进攻转换为防守，快速穿过中间区域，同时形成新的传球。

锥桶距离

垂直距离：15米。

水平距离：35米。

小锥桶间

垂直距离：15米。

水平距离：15米。

器材

8个锥桶。

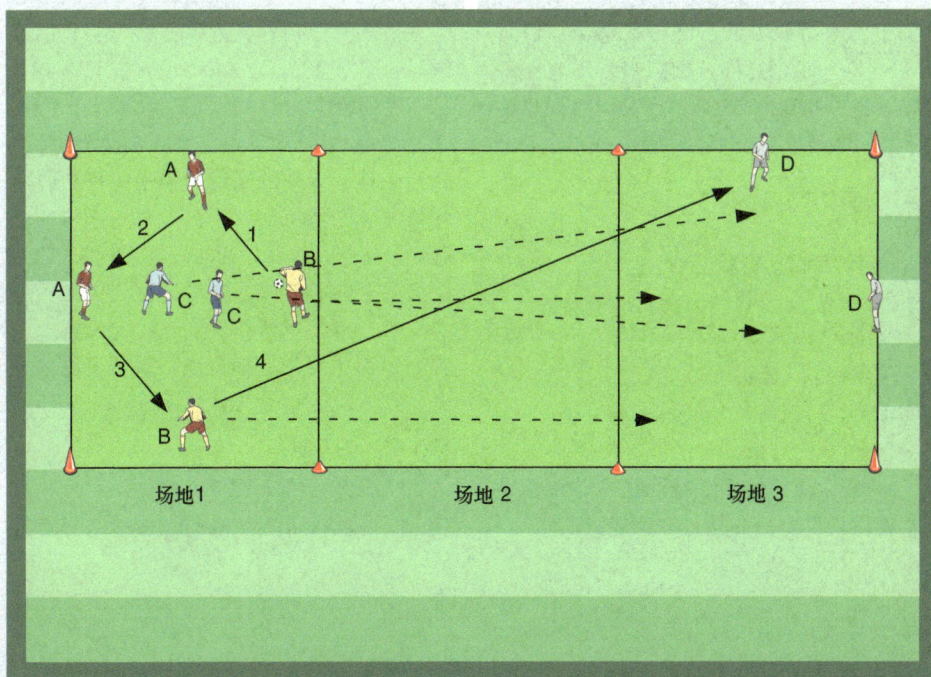

场地1　　　　　　场地2　　　　　　场地3

训练目的
- 球技（触球）

训练重点
- 传球

训练方面

技能方面：	传球经过多个位置、在正方形中传球、短传、长传、组合跑动和技术技能
年龄层次：	13岁以上
难度级别：	高级
训练类型：	分组训练
训练架构：	热身、循序渐进、要点/重点
目标：	提高个人技能
参训运动员总数：	10名运动员
参加的运动员：	整支球队
训练场所：	任意
空间意识：	限定比赛场地
时长：	10~20分钟
生理机能：	足球特定耐力

组织

使用8个锥桶标识出3个相邻的场地。这3个场地组成了整个比赛场地（标识为浅绿色）。每个方格分别标明为场地1、2和3。带球的场地有6名运动员。中间场地（场地2）有2名运动员。场地3也有2名运动员。

过程

运动员配对进行训练：

（A+A）–红队

（B+B）–黄队

（C+C）–蓝队

（D+D）–灰队

（E+E）–白队

具备控球权的两支球队在将球传给场地2的运动员之前必须至少完成3次传球。

第三支球队必须通过巧妙施压和积极拦截的方式拦截抢球。完成拦截抢球之后，他们接下来可以与丢失控球权的球队交换位置。在成功完成了3次传球之后，球队必须将球传到场地2。

场地2中的运动员必须在向场地3传球之前触球。传球的运动员与他的搭档必须和两名防守者（C+C）一起跟着所传的球跑动。接着，传球的运动员与（E+E）球队的队员一起在场地3重复场地1的训练。

防守者仍然留在他们自己的位置上，直到他们完成了拦截抢球、球被踢出界或者完成最多2分钟的训练。

可供选择的方式

- 不限定触球次数
- 限定触球次数（例如，1~3次触球）

诀窍

- 这个训练会让运动员感到非常疲劳，同时要求运动员具备较高的运动智商。
- 需要良好的触球和组合能力。
- 支撑腿往往距离球较远，运动员向后倾斜。
- 传球的时机非常重要。
- 不要忘记跑动。
- 传球必须具备力量和准确性。
- 传球的准确性比传球的速度更重要。
- 必须一直保持精神集中。

- 要求运动员在带球和不带球跑动的情况下必须一直具备预期、意识、反应、速度等能力。
- 有规律地改变运动员进行对抗的区域，从而在每次训练时制造出全新的比赛情形。

场地大小

垂直距离：15米。
水平距离：35米。

小锥桶间

垂直距离：15米。
水平距离：15米。

器材

8个锥桶。

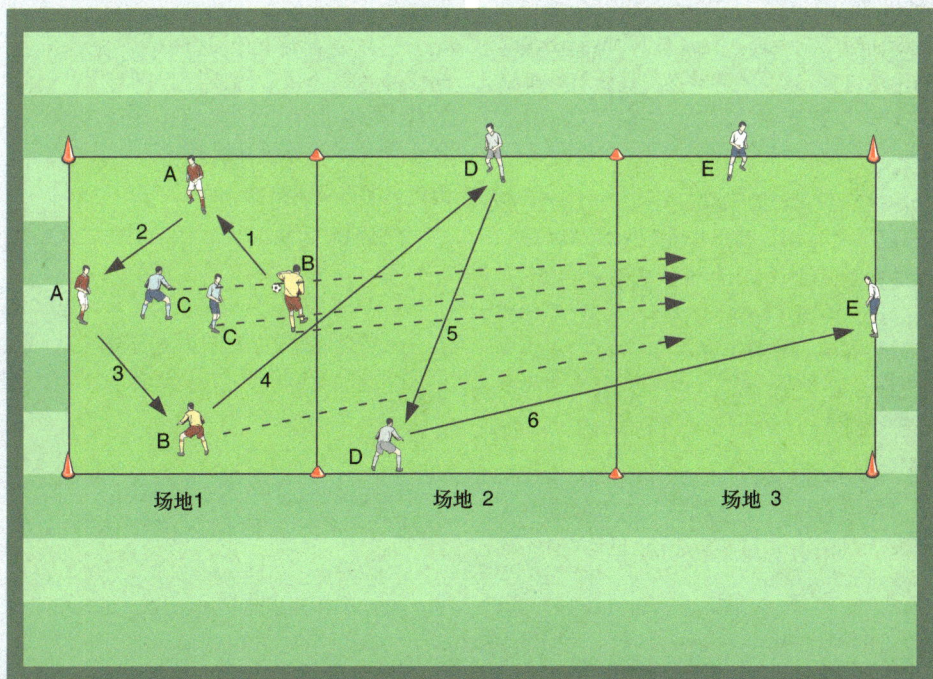

场地1   场地 2   场地 3

训练目的
- 球技（触球）

训练重点
- 传球

训练方面

技能方面：	一脚传球、踢墙式传球、传球经过多个位置、在三角形中传球、短传、长传
年龄层次：	12岁以上
难度级别：	高级、专业
训练类型：	分组训练
训练架构：	热身、循序渐进、要点/重点
目标：	进攻行为、提高个人技能
参训运动员总数：	4～6名运动员
参加的运动员：	整支球队
训练场所：	任意
空间意识：	限定比赛场地
时长：	10～15分钟
生理机能：	足球特定耐力、力量和速度

组织方式

如图所示放置3个锥桶。在第一个锥桶的位置有1名以上的运动员。其余每个锥桶位置有1名运动员。

过程

运动员A与运动员B完成二过一传球（1+2），接着以穿过场地的方式将球传给运动员C（3）。运动员C接着与运动员B完成二过一传球（4+5），然后以穿过场地的方式将球传到锥桶Ⅱ的位置（现在运动员A已经占据了该位置）。按照相同的顺序重新开始训练。

可供选择的方式

训练进行了一半之后，训练的方向可以发生改变。例如，按照逆时针方向的顺序跑动。

诀窍

一开始训练时运动员可以先慢慢跑动，接着再加速。接球员必须在接球之前做出一些反向跑动的假动作。如果只有4名运动员进行快速训练，那么这个训练会让运动员感到非常疲劳。

- 在时间压力之下，这个训练会模拟出一个非常逼真的比赛情形。
- 接球员必须发出要球的信号。
- 传球和跑动的时机非常重要。
- 运动员跑动的速度比传球的速度要快一些。
- 不要忘记跑动。
- 传球必须具备力量和准确性。
- 传球的准确性比传球的速度更重要。
- 必须一直保持精神集中。

锥桶距离

垂直距离：12米。

水平距离：12米。

器材

3个锥桶。

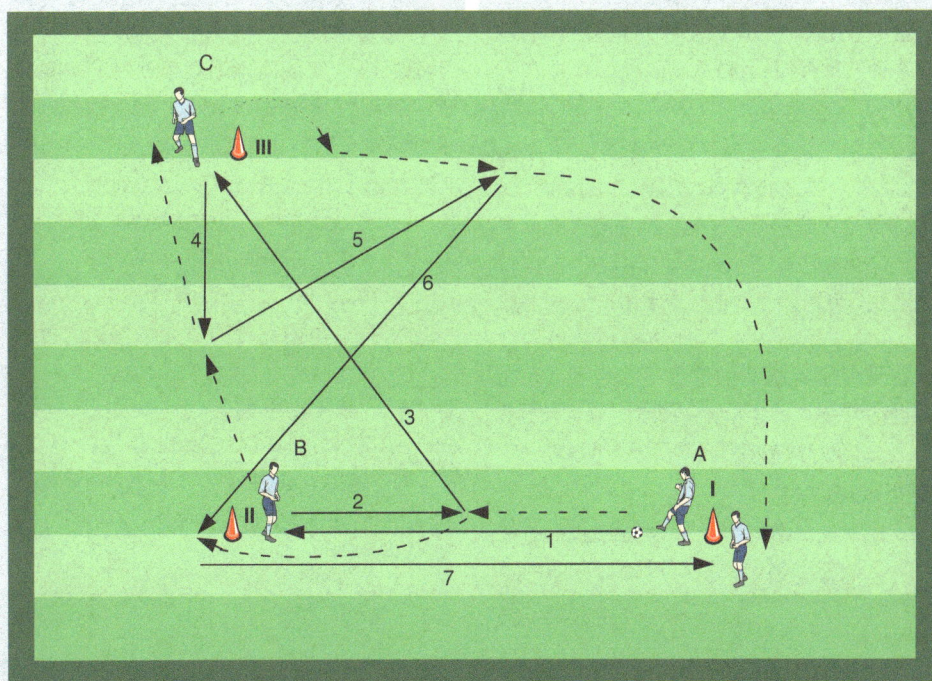

训练目的
- 球技（触球）

训练重点
- 传球

训练方面

技能方面：	一脚传球、踢墙式传球、传球经过多个位置、以三角形形式传球、短传、长传
年龄层次：	12岁以上
难度级别：	高级、专业
训练类型：	分组训练
训练架构：	热身、循序渐进、要点/重点
目标：	进攻行为、提高个人技能
参训运动员总数：	4～6名运动员
参加的运动员：	整支球队
训练场所：	任意
空间意识：	限定比赛场地
时长：	10～15分钟
生理机能：	足球特定耐力、力量和速度

组织

如图所示设置3个锥桶。在第一个锥桶位置有1名以上的运动员和1个球。其余每个锥桶位置有1名运动员。

过程

运动员A与运动员B完成二过一传球（1+2），接着运动员A以穿过场地的方式将球传给运动员C（3）。运动员C接下来与运动员B完成二过一传球（4+5），接着运动员C与运动员D进一步采用二过一传球（6+7）。运动员C（8）以穿过场地的方式将球传到锥桶Ⅱ的位置（运动员A现在占据的位置）。运动员A将球传给运动员D（9）。按照相同的顺序重新开始训练。

可供选择的方式

训练进行了一半之后，训练的方向可以发生改变。例如，按照逆时针方向的顺序跑动。

诀窍

一开始训练时运动员可以先慢慢跑动，接着再加速。接球员必须总是在接球之前做出一些反向跑动的假动作。如果只有4名运动员进行快速训练，那么这个训练会让运动员感到非常疲劳。

- 在时间压力之下，这个训练会模拟出一个非常逼真的比赛情形。
- 接球员必须发出要球的信号。
- 传球和跑动的时机非常重要。
- 运动员跑动的速度比传球的速度要快一些。
- 不要忘记跑动。
- 传球必须具备力量和准确性。
- 传球的准确性比传球的速度更重要。
- 必须一直保持精神集中。

锥桶距离

垂直距离：12米。

水平距离：12米。

器材

3个锥桶。

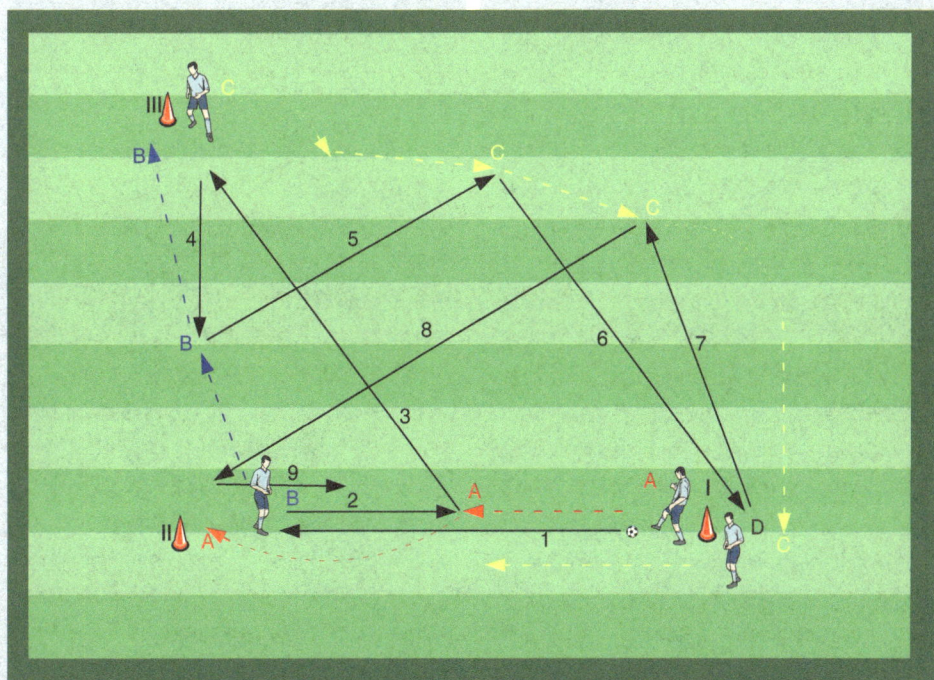

训练目的
- 球技（触球）

训练重点
- 传球

训练方面

技能方面：	一脚传球、踢墙式传球、以三角形形式传球
年龄层次：	13岁以上
难度级别：	高级
训练类型：	分组训练
训练架构：	热身、循序渐进、要点/重点
目标：	提高个人技能
参训运动员总数：	7名运动员
参加的运动员：	整支球队
训练场所：	任意
空间意识：	限定比赛场地
时长：	10~20分钟
生理机能：	足球特定耐力、力量和速度

组织

使用9个锥桶设置3个三角形（如图所示）。3名运动员站在开始传球的锥桶三角形的位置。在其他的各个锥桶三角形位置分别站2名运动员。

过程

运动员A沿着地面将球传给运动员B开始训练。运动员B在接球之前采用反向跑动的假动作移动，然后将球回传给跟着自己的传球跑动的运动员A。在运动员B回传球时，运动员C开始假装以不看球的方式跑动。接下来会同时发生以下跑动：运动员C离开开始的位置，同时快速跑向运动员D。运动员A将运动员B回传的球传向运动员C跑动的路线上，接下来运动员C将球传给运动员D。运动员B同时快速跑向运动员C的开始位置并占据运动员C之前的位置。运动员A占据了运动员B的位置。理想状况下是一直保持这样的循环跑动，直到训练结束。

传球的顺序为：长传、回传、直塞传球。跑动的循环一直保持不变。（长传的）传球员（在二过一之后）跑向下一个锥桶。回传球的运动员绕着三角形跑动。

诀窍

一开始训练时可以先慢慢跑动，接着再加速。接球员必须总是在接球之前做出一些不看球的跑动假动作。如果只有7名运动员进行快速训练，那么这个训练会让运动员感到非常疲劳。

- 这个训练要求大量的跑动，因此这是一个非常具有挑战性的传球训练。
- 在时间压力之下，这个训练会模拟出一个非常逼真的比赛情形。
- 接球员必须发出要球的信号。
- 传球和跑动的时机非常重要。
- 运动员跑动的速度比传球的速度要快一些。
- 必须一直保持精神集中。

锥桶距离

三角形里面锥桶之间的距离为6米。三角形里面三个内部锥桶之间的距离为12米。

器材

9个锥桶。

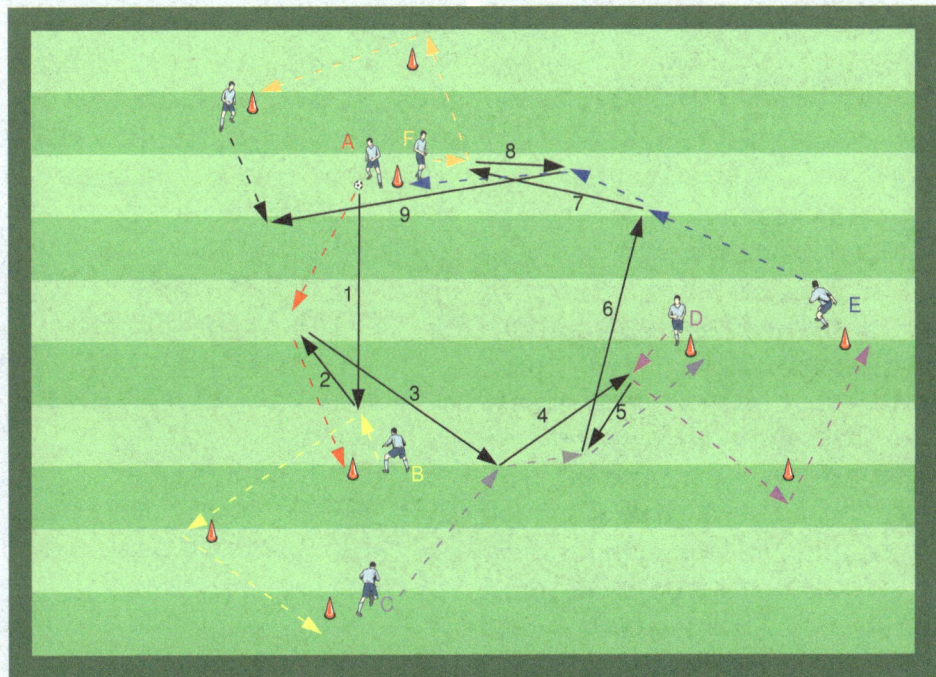

训练目的
- 球技（触球）

训练重点
- 传球

训练方面

技能方面：	一脚传球、传球经过多个位置、在三角形中传球、短传、控球、运球
年龄层次：	13岁以上
难度级别：	任意
训练类型：	分组训练
训练架构：	循序渐进、要点/重点
目标：	进攻行为、提高个人技能
参训运动员总数：	6名运动员
参加的运动员：	整支球队
训练场所：	任意
空间意识：	限定比赛场地
时长：	10~15分钟
生理机能：	足球特定耐力、力量和速度

组织

如图所示设置6个锥桶。每个锥桶位置有1名运动员。中间位置的2名运动员各带1个球开始训练。

过程

A、B和C组：

运动员C将球传给运动员B，接下来运动员B将球传给运动员A，运动员B完成传球后跑向运动员A的起始位置，并在绕过外侧锥桶后跑向中间的锥桶。运动员A将球传给运动员C，而运动员C以一脚踢球的方式将球传向运动员B跑动路线上的位置。这样，运动员C跑向了运动员A的位置，而运动员B则运球跑到运动员D之前的位置。

D、E和F组采用相同的传球和跑动方式。例如，运动员F运球跑到运动员C的位置，运动员C跑到运动员E的位置，而运动员E跑到运动员F之前的位置。

诀窍

一开始训练时运动员可以慢点跑动，接着再加速跑动。接球员必须总是在接球之前做出一些反向跑动的假动作。如果只有6名运动员进行训练，那么这个训练会让运动员感到非常疲劳。

- 在时间压力之下，这个训练会模拟出一个非常逼真的比赛情形。
- 接球员必须发出要球的信号。
- 传球和跑动的时机非常重要。
- 运动员跑动的速度比传球的速度要快一些。
- 不要忘记跑动。
- 必须具备一定的传球力量和准确性。
- 传球的准确性比传球的速度更重要。

锥桶距离

外部锥桶之间的水平距离：12米。

中间锥桶之间的距离：

锥桶之间的垂直距离为6米，同时锥桶与外线之间的垂直距离为6米。

器材

6个锥桶。

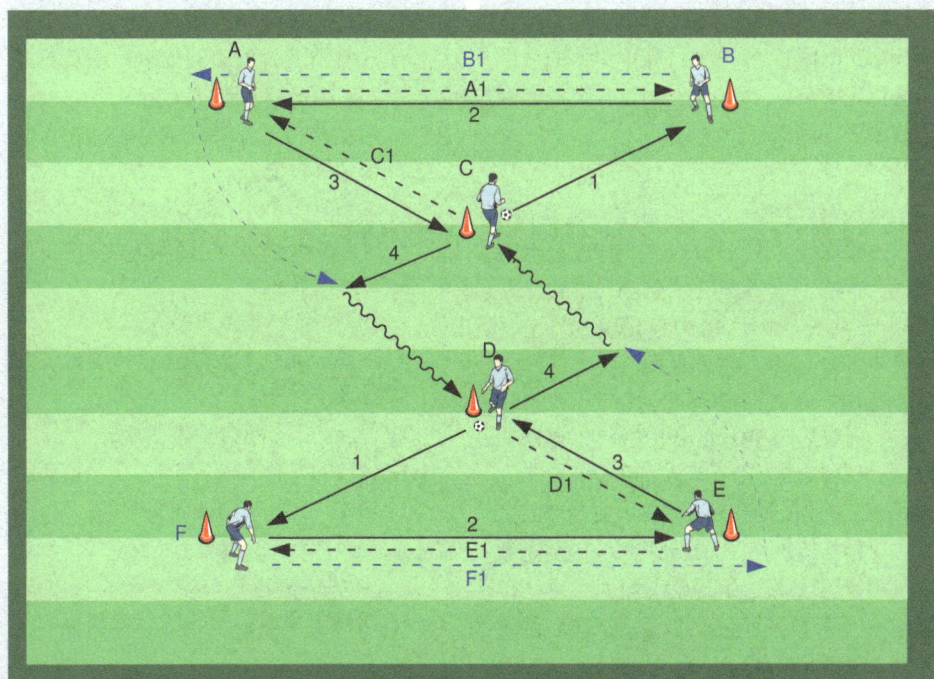

训练目的
- 球技（触球）

训练重点
- 传球
- 停球

训练方面

技能方面：	一脚传球、传球经过多个位置、在正方形中传球、在三角形中传球、短传、交叉传球、控球对决多名运动员、运球
年龄层次：	13岁以上
难度级别：	高级
训练类型：	分组训练
训练架构：	热身、循序渐进、要点/重点
目标：	进攻行为、提高个人技能
参训运动员总数：	7名运动员
参加的运动员：	整支球队
训练场所：	任意
空间意识：	限定比赛场地
时长：	10～20分钟
生理机能：	足球特定耐力、力量和速度

组织

在方格的中间位置放1个锥桶。2名运动员站在同侧2个锥桶的位置，另外的每个锥桶位置各站1名运动员。同时，在每个锥桶的位置放1个球。

过程

运动员A将球传给运动员B，运动员B以一脚踢球的方式将球传给运动员C。运动员C接着将球传向运动员D跑动的位置，而运动员B在传球之后跑向运动员C的位置，以便与运动员D跑动的路径配合。

这样，运动员D和运动员B可以作为一个团队以变化1（带球）或者变化2（传球）的方式过掉运动员E。现在，运动员G可以传球给运动员E，而运动员E以一脚踢球的方式将球传给运动员C。运动员C将球传向运动员A跑动的位置，同时运动员E配合这个路径跑动。运动员A和运动员E现在尝试按照之前的两个变化方式来过掉运动员F。最后运动员E带球跑到运动员F的位置，而运动员E则占据之前被运动员F占据的位置。

诀窍

- 这个训练的强度较高且会让运动员非常疲劳，同时还要求运动员具备一定的比赛智商。
- 运动员需要花费一定的时间才能掌握训练技能。
- 必须具备良好的触球和传球技术。
- 支撑腿往往距离球较远，运动员身体向后倾斜。
- 传球的时机非常重要。
- 运动员跑动的速度比传球的速度往往要快一些。
- 传球必须具备力量和准确性。
- 传球的准确性比传球的速度更重要。
- 必须一直保持精神高度集中。
- 具备快速制定决策来打败对手的能力（在有或者没有队友帮助的情况下）。
- 在顺序预演的同时培养运动员的创造性。
- 在训练之后，运动员必须占据正确的位置。

52 重叠传球 II

锥桶距离

垂直距离：20米。

水平距离：18米。

器材

5个锥桶。

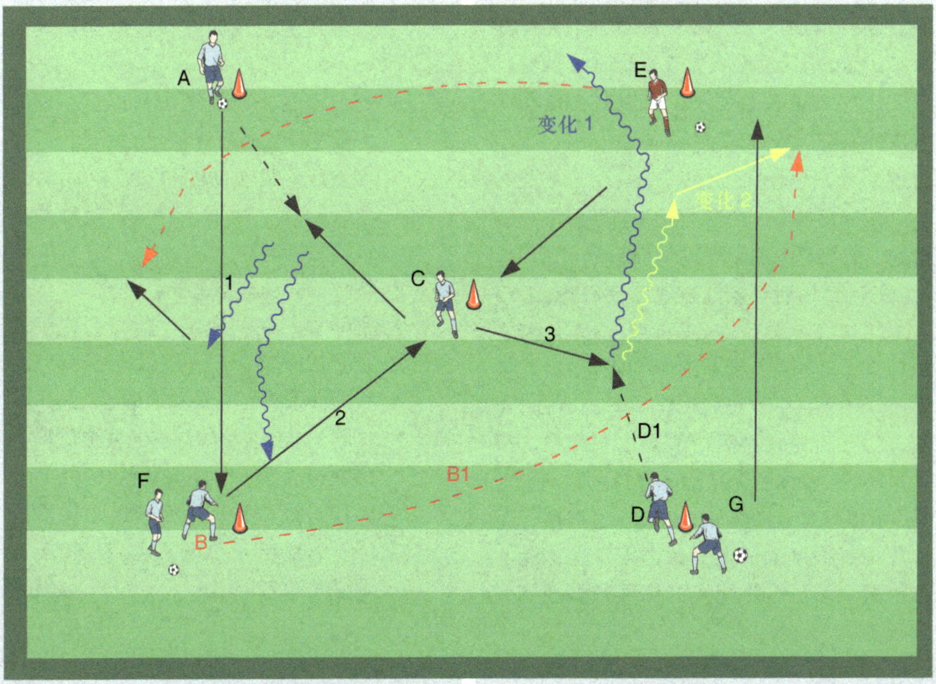

训练目的
- 球技（触球）

训练重点
- 传球

训练方面

技能方面：	踢墙式传球、在菱形中传球、短传、交叉传球、控球、以身体做出假动作、对决多名运动员、运球
年龄层次：	13岁以上
难度级别：	高级
训练类型：	分组训练
训练架构：	热身、循序渐进、要点/重点、分组
目标：	进攻行为、提高个人技能
参训运动员总数：	7名运动员
参加的运动员：	整支球队
训练场所：	任意
空间意识：	限定比赛场地
时长：	10~20分钟
生理机能：	足球特定耐力、力量和速度

组织

使用4个锥桶设置1个交叉或者菱形场地。各有1名运动员分别站在锥桶Ⅰ和锥桶Ⅱ的位置，3名运动员站在锥桶Ⅲ的位置，两名运动员站在锥桶Ⅳ的位置。在锥桶Ⅲ和锥桶Ⅳ的位置各放1个球。

过程

运动员B与运动员A完成二过一传球，接着运动员B控球并运球跑向运动员C。运动员B在接球后可以做出选择，运动员B现在可以选择突破运动员C（变化1）或者将球传向运动员A的跑动路线（变化2）。接着，运动员C在跑动的过程中与运动员D完成二过一传球，之后他们可以一起对抗运动员F。在将球回传给运动员D之后，运动员C可以配合运动员D。在训练过程中，可以先在锥桶Ⅳ的位置开始，接着是锥桶Ⅲ的位置，然后是锥桶Ⅰ的位置或锥桶Ⅱ的位置。

诀窍

- 这个训练的强度较高且会令运动员非常疲劳，同时还要求运动员具备一定的比赛智商。
- 交换到另一个侧边进行训练，同时忽略中场位置。
- 必须具备良好的触球和传球技术。
- 支撑腿往往距离球较远，运动员身体向后倾斜。
- 传球的时机非常重要。
- 运动员跑动的速度比传球的速度往往要快一些。
- 传球必须具备力量和准确性。
- 传球的准确性比传球的速度更重要。
- 必须一直保持精神高度集中。
- 运动员在带球和不带球跑动的情况下都必须具备预期、意识、反应、速度等能力。

- 这个训练的目的是从进攻转换到防守，快速穿过中间区域，同时设置出全新的传球情形。

锥桶距离

垂直距离：20米。
水平距离：20米。

器材

4个锥桶。

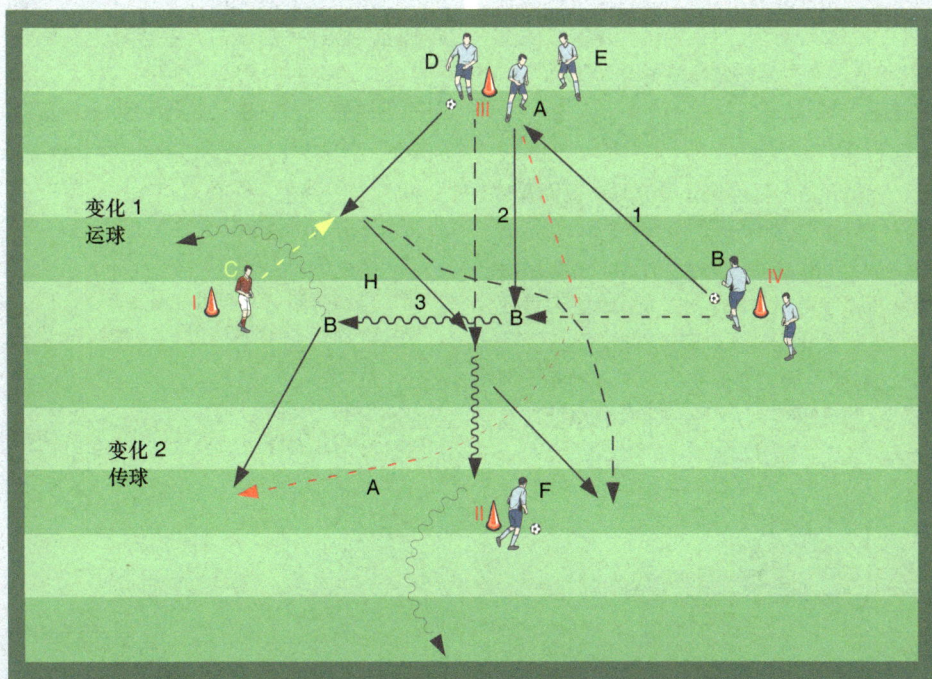

训练目的
- 球技（触球）

训练重点
- 传球

训练方面

技能方面：	一脚传球、传球经过多个位置、在菱形中传球、短传、交叉传球
年龄层次：	13岁以上
难度级别：	高级
训练类型：	分组训练
训练架构：	热身、循序渐进、要点/重点
目标：	进攻行为、提高个人技能
参训运动员总数：	6名运动员
参加的运动员：	整支球队
训练场所：	任意
空间意识：	限定比赛场地
时长：	10~20分钟
生理机能：	足球特定耐力、力量和速度

组织

如图所示设置1个菱形场地。2名或者2名以上的运动员站在锥桶Ⅰ和锥桶Ⅳ的位置，2名运动员分别站在锥桶Ⅱ和锥桶Ⅲ的位置。

过程

运动员A将球传给运动员B。运动员B以一脚传球的方式将球传给运动员C。运动员C将球传给跑动中的运动员A，运动员A接着将球传给运动员D并占据运动员D后面的位置。现在运动员D和运动员C及运动员B一起按照相同的顺序在另一个方向开始训练。运动员B和运动员C必须有规律地与其他运动员交换位置。

诀窍

一开始训练时可以先慢慢跑动，接着再加速。接球员必须总是在接球之前做出一些反向跑动的假动作。如果只有6名运动员进行快速训练，那么这个训练会让运动员感到非常疲劳。

- 在时间压力之下，这个训练会是一个非常逼真的比赛情形。
- 接球员必须发出要球的信号。
- 传球和跑动的时机非常重要。
- 运动员跑动的速度比传球的速度要快一些。
- 不要忘记跑动。
- 必须具备良好的传球准确性。

锥桶距离

　　垂直距离：20米。

　　水平距离：20米。

器材

　　4个锥桶。

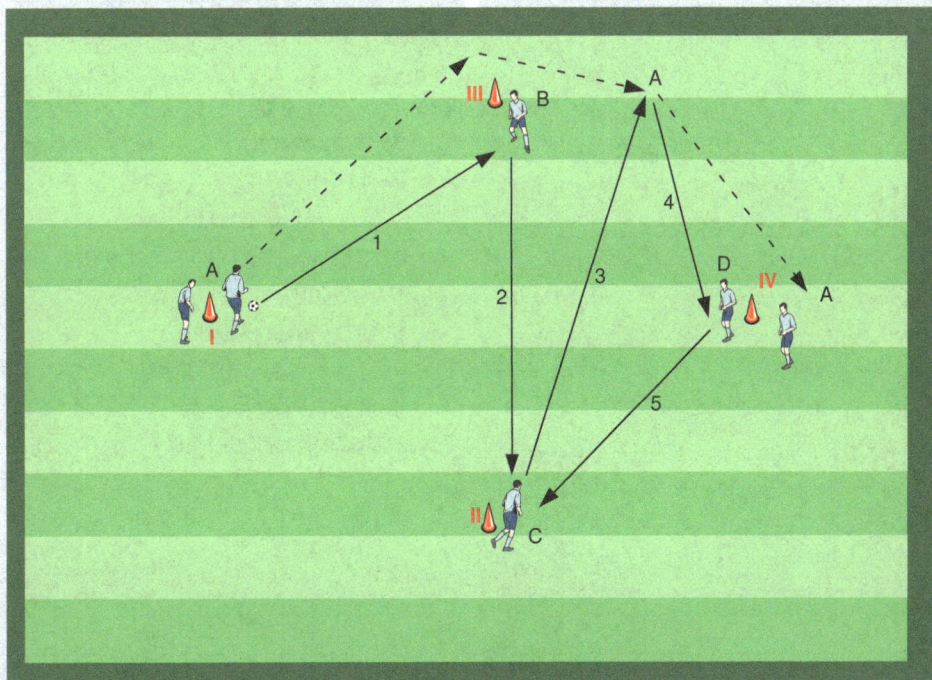

训练目的

- 球技（触球）

训练重点

- 传球

训练方面

技能方面：	一脚传球、传球经过多个位置、在菱形中传球、短传、交叉传球
年龄层次：	13岁以上
难度级别：	高级、专业
训练类型：	分组训练
训练架构：	热身、循序渐进、要点/重点
目标：	进攻行为、提高个人技能
参训运动员总数：	8名运动员
参加的运动员：	整支球队
训练场所：	任意
空间意识：	限定比赛场地
时长：	10~15分钟
生理机能：	足球特定耐力、力量和速度

组织

如图所示设置1个菱形场地。每个锥桶位置有2名运动员。开始位置放置1个球。

过程

在运动员A、B、C和D的后面至少必须有1名以上的运动员。运动员A将球传给运动员B。运动员B将球传给运动员C，运动员C以一脚传球的方式将球传给运动员A。运动员A接着将球传给运动员D并加入锥桶Ⅳ的运动员序列中。运动员E与运动员F和运动员G按照相同的顺序从另一个方向将球传给运动员H。

运动员B和运动员C及他们的搭档运动员F和运动员G在每次按照顺序训练之后与他们的搭档一起交换位置。

诀窍

一开始训练时可以先慢慢跑动，接着再加速。接球运动员必须总是在接球之前做出一些反向跑动的假动作。如果只有8名运动员进行快速训练，那么这个训练会让运动员感到非常疲劳。

- 在时间压力之下，这个训练会模拟出一个非常逼真的比赛情形。
- 接球运动员必须发出要球的信号。
- 传球和跑动的时机非常重要。
- 必须同时进行传球。
- 运动员跑动的速度往往比传球的速度快一些。
- 准确地传球可以确保球不会碰在一起。

锥桶距离

垂直距离：20米。

水平距离：20米。

器材

4个锥桶。

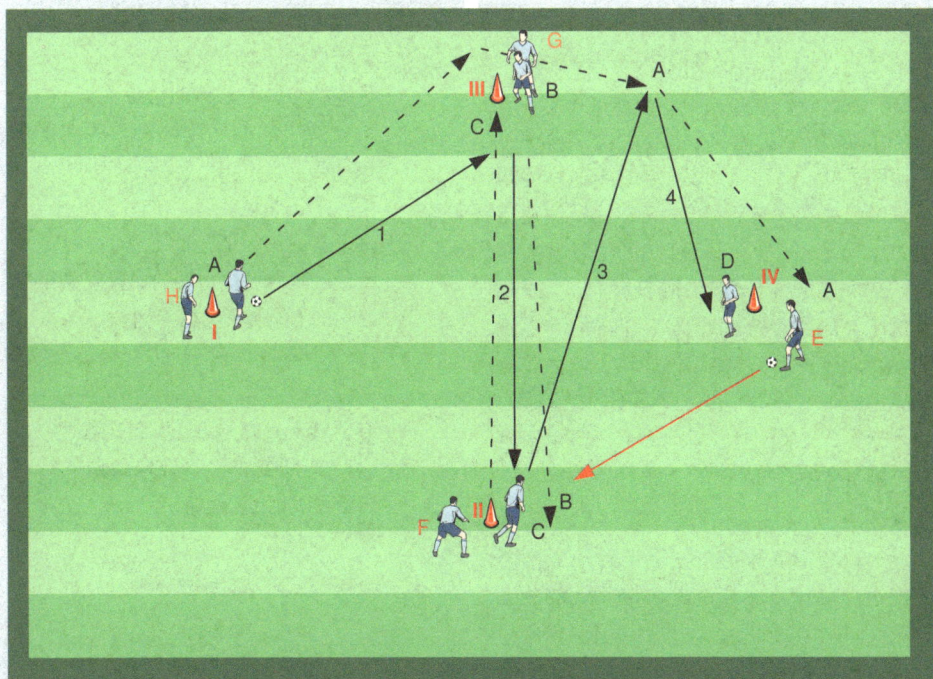

训练目的
- 球技（触球）

训练重点
- 传球

训练方面

技能方面：	一脚传球、踢墙式传球、传球经过多个位置
年龄层次：	15岁以上
难度级别：	高级、专业
训练类型：	分组训练
训练架构：	热身、循序渐进、要点/重点
目标：	提高个人技能
参训运动员总数：	4名运动员
参加的运动员：	整支球队
训练场所：	任意
空间意识：	限定比赛场地
时长：	10～20分钟
生理机能：	足球特定耐力、力量和速度

组织

如图所示放置4个锥桶。在开始位置放置1个球。每个锥桶位置都有1名运动员。

过程

运动员A沿着地面以长传的方式将球传给运动员D。一旦运动员A完成传球，他就可以沿弧线跑向运动员B的所在锥桶位置。同时运动员B直接向运动员A的位置发起冲刺，占据该位置。运动员D现在将运动员A传过来的球回传给运动员A，同时向点X跑动，以便接住运动员A回传的球，然后以一脚触球的方式将球传给运动员B。运动员D和运动员C交换位置。运动员B按照相同的顺序重新开始训练。

诀窍

一开始训练时可以先慢慢跑动，接着再加速。接球员必须总是在接球之前做出一些反向跑动的假动作。如果只有4名运动员进行快速训练，那么这个训练会让运动员感到非常疲劳。

- 在时间压力之下，这个训练会是一个非常逼真的比赛情形。
- 接球员必须发出要球的信号。
- 传球和跑动的时机非常重要。
- 运动员跑动的速度比传球的速度要快一些。
- 不要忘记跑动。
- 必须具备良好的传球准确性。
- 传球的准确性比传球的速度更重要。
- 必须一直保持精神高度集中。
- 运动员需要花费一定的时间才能掌握训练。
- 必须具备良好的触球和传球技术。
- 运动员在带球和不带球跑动的情况下都必须具备预期、意识、反应、速度等能力。

锥桶距离

　　垂直距离：15米。

　　水平距离：12米。

器材

　　4个锥桶。

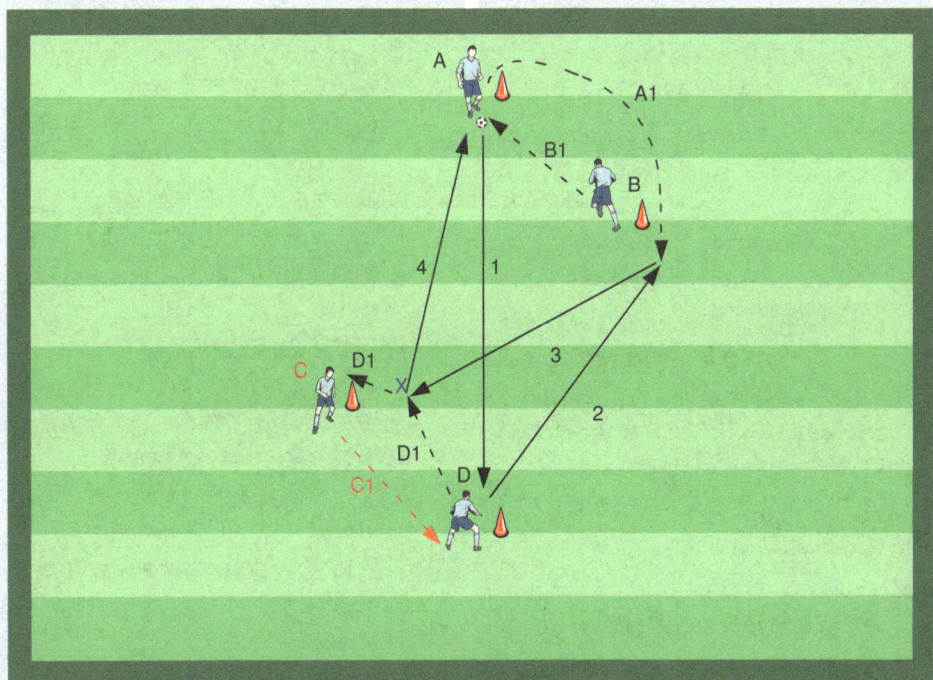

训练目的

- 球技（触球）

训练重点

- 传球

训练方面

技能方面：	一脚传球，踢墙式传球、传球经过多个位置、在菱形中传球、短传、长传、组合传球
年龄层次：	15岁以上
难度级别：	高级、专业
训练类型：	分组训练
训练架构：	热身、循序渐进、要点/重点
目标：	进攻行为、提高个人技能
参训运动员总数：	4名运动员
参加的运动员：	整支球队
训练场所：	任意
空间意识：	限定比赛场地
时长：	10～20分钟
生理机能：	足球特定耐力、力量和速度

组织

如图所示放置6个锥桶，其中4个锥桶每个锥桶位置站1名运动员。在开始的锥桶位置放置1个球。

过程

运动员A以长传的方式将球传给运动员D，同时快速跑向右手边的外部锥桶，接着与运动员D以二过一的方式完成传球。运动员D在完成传球之后向右手边的外部锥桶跑动，以便以一脚触球的方式将球传给已经占据运动员A位置的运动员B。运动员A在第二次传球后占据运动员C的位置，运动员C占据锥桶Ⅲ的位置，运动员B占据运动员A之前在锥桶Ⅳ的位置，同时运动员D在完成两次跑动之后占据锥桶Ⅱ的位置。

诀窍

一开始训练时可以先慢慢跑动，接着再加速。接球员必须总是在接球之前做出一些反向跑动或者跑向球一侧的假动作。如果只有4名运动员进行快速训练，那么这个训练会让运动员感到非常疲劳。

- 在时间压力之下，这个训练会模拟出一个非常逼真的比赛情形。
- 接球员必须发出要球的信号。
- 传球和跑动的时机非常重要。
- 运动员跑动的速度比传球的速度要快一些。
- 不要忘记跑动。
- 必须具备良好的传球准确性。
- 传球的准确性比传球的速度更重要。
- 必须一直保持精神高度集中。
- 运动员需要花费一定的时间才能掌握训练。
- 运动员在带球和不带球跑动的情况下都必须具备预期、意识、反应、速度等能力。

锥桶距离

垂直距离：15米。

水平距离：12米。

菱形里面的锥桶间距：3米。

器材

6个锥桶。

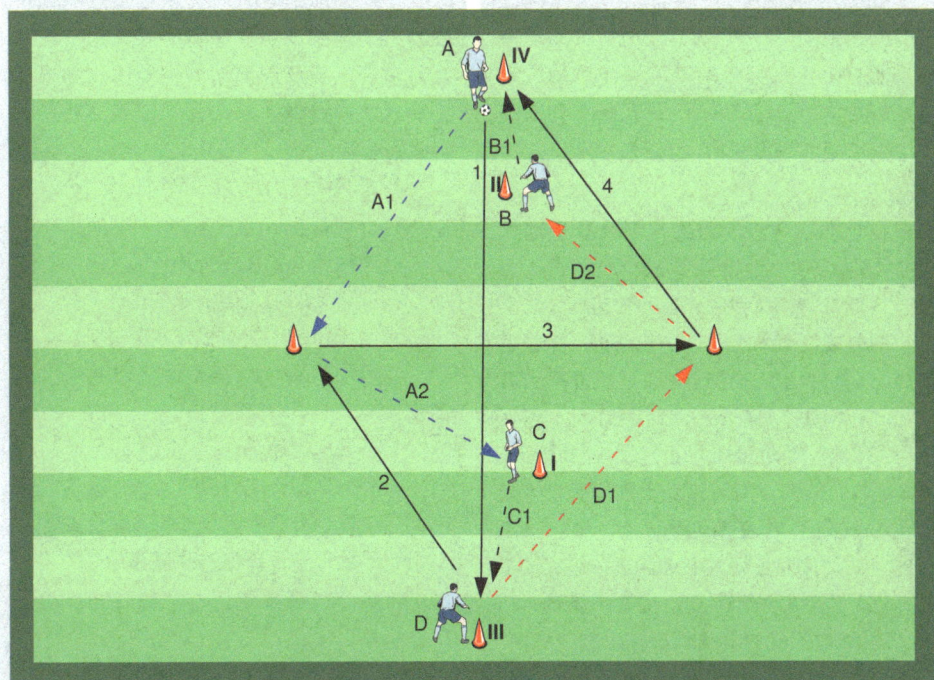

训练目的

- 球技（触球）

训练重点

- 传球

训练方面

技能方面：	一脚传球、踢墙式传球、短传、长传、控球、先发制人
年龄层次：	15岁以上
难度级别：	高级
训练类型：	分组训练
训练架构：	热身、循序渐进、要点/重点
目标：	进攻行为、提高个人技能
参训运动员总数：	6名运动员
参加的运动员：	整支球队
训练场所：	任意
空间意识：	限定比赛场地
时长：	10~20分钟
生理机能：	足球特定耐力、力量和速度

组织

如图所示放置4个锥桶。每个锥桶位置有1名运动员。另外2名运动员在场地中的位置站好，这样他们就可以与锥桶位置的其他运动员一起组成2个三角形（如图所示）。运动员D和运动员A都带1个球。

过程

在场地的两边同时进行训练。运动员A和运动员C以及运动员D和运动员F进行二过一传球练习。运动员A与防守者B交叉换位，同时接住运动员C传过来的球，接着运动员A将球传给现在站在对面锥桶位置的运动员E（运动员A必须在传球之后反向跑到运动员B的起始位置）。运动员A占据运动员B之前的位置，同时运动员B占据之前运动员A的位置。在三角形场地中，D、E和F组的运动员按照相同的顺序跑动。运动员D和运动员E在这个组中交换位置。运动员C和运动员F也必须有规律地改变位置。

诀窍

一开始训练时运动员可以慢点跑动，接着再加速跑动。接球员必须总是在接球之前做出一些反向跑动的假动作。如果训练要求快速控球，那么这个训练会让运动员感到非常疲劳。

- 在时间压力之下（同时使用2个球进行训练），这个训练会模拟出一个非常逼真的比赛情形。
- 接球员必须发出要球的信号。
- 传球和跑动的时机非常重要。
- 运动员跑动的速度比传球的速度要快一些。
- 不要忘记跑动。
- 必须具备一定的传球力量和准确性。
- 传球的准确性比传球的速度更重要。
- 必须一直保持精神高度集中。
- 运动员需要花费一定的时间才能掌握训练。
- 必须具备良好的触球和传球技术。

- 运动员在带球和不带球跑动的情况
  下都必须具备预期、意识、反应、
  速度等能力。

锥桶距离

垂直距离：25米。

水平距离：20米。

器材

4个锥桶。

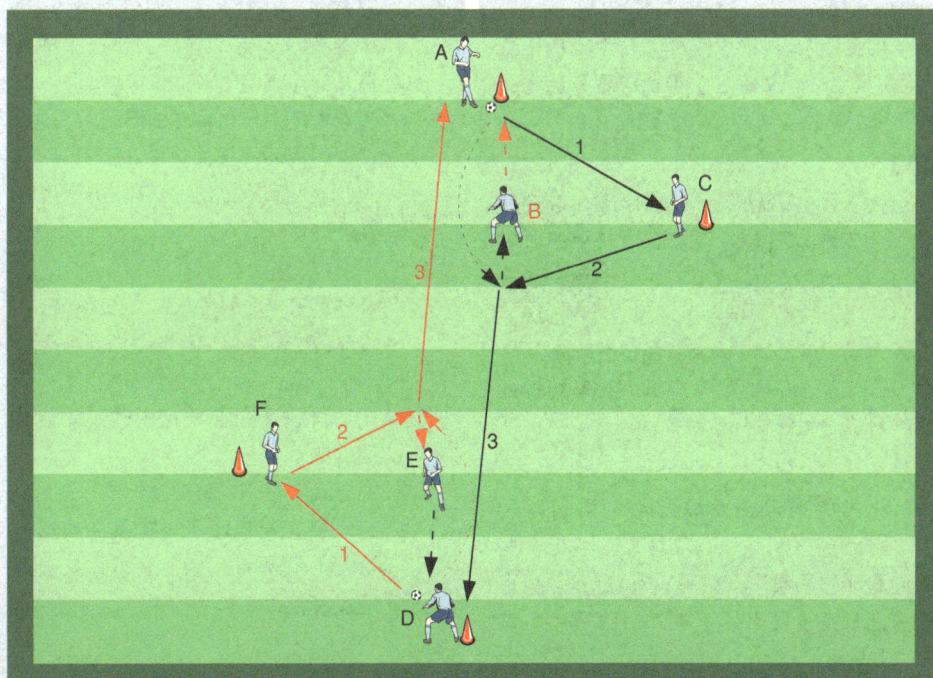

训练目的

- 球技（触球）

训练重点

- 传球
- 停球
- 佯攻/运球技巧

训练方面

技能方面：	一脚传球、踢墙式传球、传球经过多个位置、短传、长传、控球、快速处理、快速制定决策、运球
年龄层次：	15岁以上
难度级别：	高级、专业
训练类型：	分组训练
训练架构：	循序渐进、要点/重点
目标：	进攻行为、提高个人技能
参训运动员总数：	4名运动员
参加的运动员：	整支球队
训练场所：	任意
空间意识：	限定比赛场地
时长：	10～20分钟
生理机能：	足球特定耐力、力量和速度

组织

如图所示设置4个锥桶。每个锥桶位置有1名运动员。从第一个锥桶位置开始进行传球练习。

过程

运动员A按照顺序与运动员B一起完成二过一传球，同时沿着地面以长传的方式向运动员C传球。运动员C带球发动进攻，同时尝试以假动作技术运球经过运动员A。接着运动员C和运动员A交换位置。然后运动员D和运动员A在另一个方向按照相同的顺序从二过一传球开始练习。

诀窍

一开始可以先慢慢跑动，接着再加速。接球员必须总是在接球之前做出一些反向跑动的假动作。如果只有4名运动员进行快速训练，那么这个训练会让运动员感到非常疲劳。

- 在时间压力之下（同时使用2个球进行训练），这个训练会是一个非常逼真的比赛情形。
- 接球员必须发出要球的信号。
- 传球和跑动的时机非常重要。
- 运动员跑动的速度比传球的速度要快一些。
- 不要忘记跑动。
- 必须具备一定的传球力量和准确性。
- 传球的准确性比传球的速度更重要。
- 必须一直保持精神高度集中。
- 运动员需要花费一定的时间才能掌握训练。
- 必须具备良好的触球和传球技术。
- 运动员在带球和不带球跑动的情况下都必须具备预期、意识、反应、速度等能力。

锥桶距离

　　垂直距离：30米。

　　锥桶A和B、D和C之间的距离：6米。

器材

　　4个锥桶。

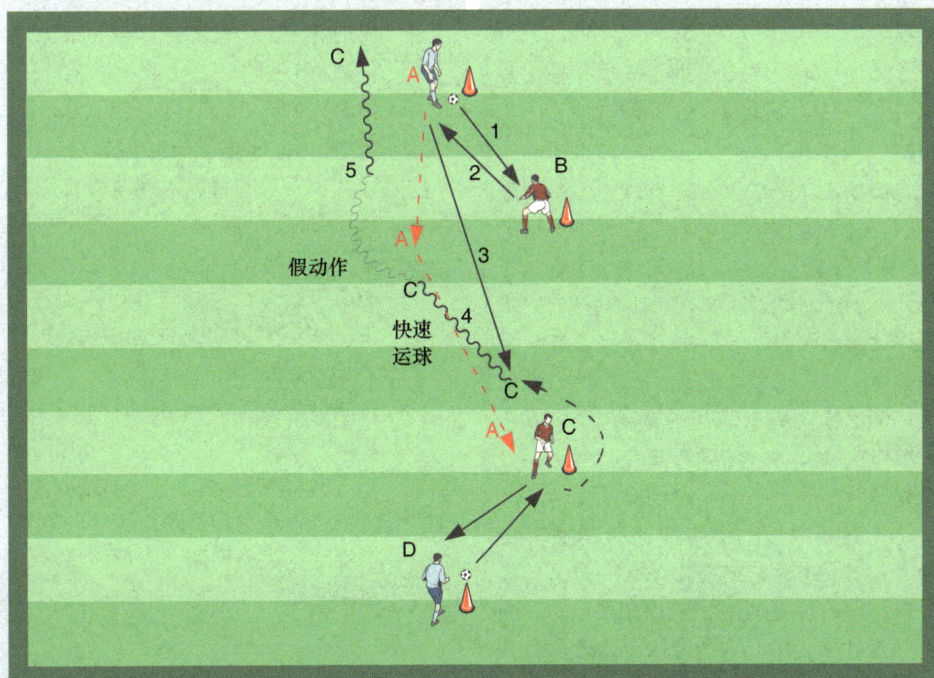

训练目的
- 球技（触球）

训练重点
- 传球/停球
- 运球
- 假动作/运球技巧

训练方面

技能方面：	一脚传球、踢墙式传球、传球经过多个位置、短传、长传、身体做出假动作、快速处理、一对一
年龄层次：	15岁以上
难度级别：	任意
训练类型：	分组训练
训练架构：	热身、循序渐进、要点/重点
目标：	防守行为、进攻行为、提高个人技能
参训运动员总数：	3名运动员
参加的运动员：	整支球队
训练场所：	任意
空间意识：	限定比赛场地
时长：	10~20分钟
生理机能：	足球特定耐力

组织
如图所示放置3个锥桶。每个锥桶位置有1名运动员。从运动员C带球开始训练。

过程
运动员C与运动员B一起完成二过一传球，接着将球踢到空中越过运动员B传给运动员A。在控球之后，运动员A快速运球朝接近他的运动员B跑动，同时以假动作方式运球经过运动员B。运动员A继续运球，同时尝试运球经过运动员C。运动员A占据锥桶I的位置。运动员C占据锥桶II的位置，同时运动员B占据锥桶III的位置。

诀窍
一开始可以先慢慢跑动，接着再加速。接球员必须总是在接球之前做出一些反向跑动的假动作。如果只有3名运动员进行快速训练，那么这个训练会让运动员感到非常疲劳。
- 在时间压力之下（同时使用2个球进行训练），这个训练会是一个非常逼真的比赛情形。
- 接球员必须发出要球的信号。
- 传球和跑动的时机非常重要。
- 运动员跑动的速度比传球的速度要快一些。
- 不要忘记跑动。
- 必须具备一定的传球力量和准确性。
- 传球的准确性比传球的速度更重要。
- 必须一直保持精神高度集中。
- 运动员需要花费一定的时间才可以掌握训练。
- 必须具备良好的触球和传球技术。
- 运动员在带球和不带球跑动的情况下都必须具备预期、意识、反应、速度等能力。

锥桶距离

　　垂直距离：15米。

器材

　　3个锥桶。

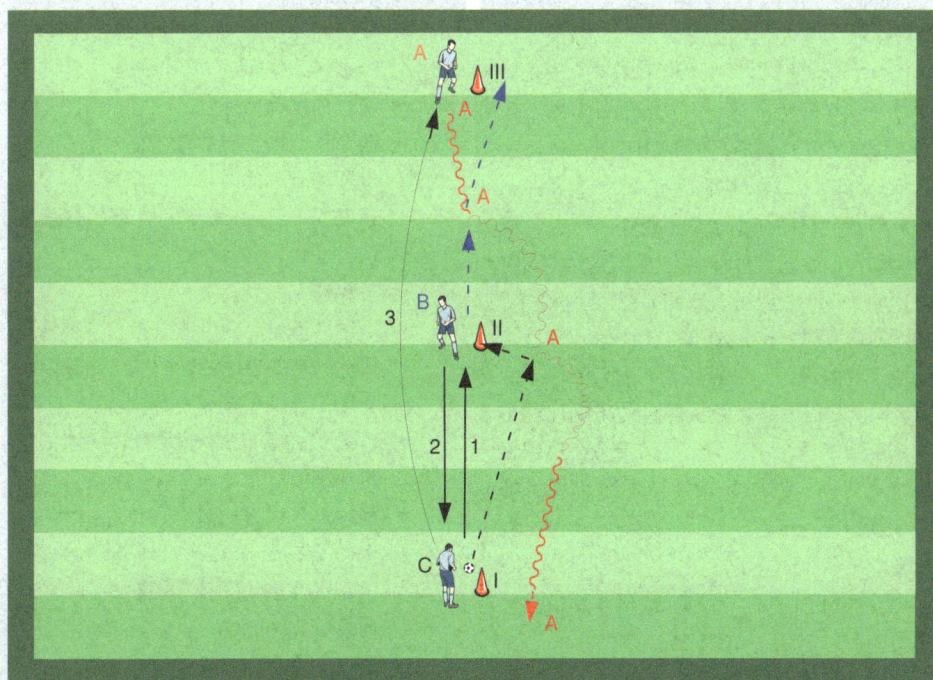

训练目的
- 球技（触球）

训练重点
- 传球
- 停球

训练方面

技能方面：	一脚传球、踢墙式传球、传球经过多个位置、在正方形中传球
年龄层次：	14岁以上
难度级别：	高级
训练类型：	分组训练
训练架构：	循序渐进、要点/重点
目标：	提高个人技能
参训运动员总数：	4名或4名以上运动员
参加的运动员：	整支球队
训练场所：	任意
空间意识：	限定比赛场地
时长：	10～20分钟
生理机能：	足球特定耐力、力量和速度

组织

如图所示放置4个锥桶。在第一个锥桶位置有2名或者2名以上的运动员。另外2名运动员分别在锥桶Ⅱ和锥桶Ⅲ的位置开始训练。

过程

运动员A与运动员B按照顺序开始传球训练。运动员A在场地里面沿对角方向跑动，而运动员B快速跑向锥桶Ⅲ的位置，同时运动员D占据锥桶Ⅱ的位置。运动员A控制运动员B的传球后，在将球传给运动员C之前向前跑动1米或者2米的距离。运动员A继续完成对角跑动并接住运动员C的传球。而运动员C在传球之后快速绕过锥桶Ⅳ的位置并占据锥桶Ⅰ的位置。运动员A在控球之后改变方向，同时快速运球返回起始锥桶的位置。

诀窍

一开始训练时运动员可以慢点跑动、接着再加速跑动。接球员必须总是在接球之前做出一些反向跑动的假动作。如果训练要求快速控球，那么这个训练会让运动员感到非常疲劳。

- 在时间压力之下（同时使用2个球进行训练），这个训练会是一个非常逼真的比赛情形。
- 接球员必须发出要球的信号。
- 传球和跑动的时机非常重要。
- 运动员跑动的速度比传球的速度要快一些。
- 不要忘记跑动。
- 必须具备一定的传球力量和准确性。
- 传球的准确性比传球的速度更重要。
- 必须一直保持精神高度集中。
- 运动员需要花费一定的时间才能掌握训练。
- 必须具备良好的触球和传球技术。
- 运动员在带球和不带球跑动的情况下都必须具备预期、意识、反应、速度等能力。
- 要求一直保持最快速度。

锥桶距离

垂直距离：20米。

水平距离：20米。

器材

4个锥桶。

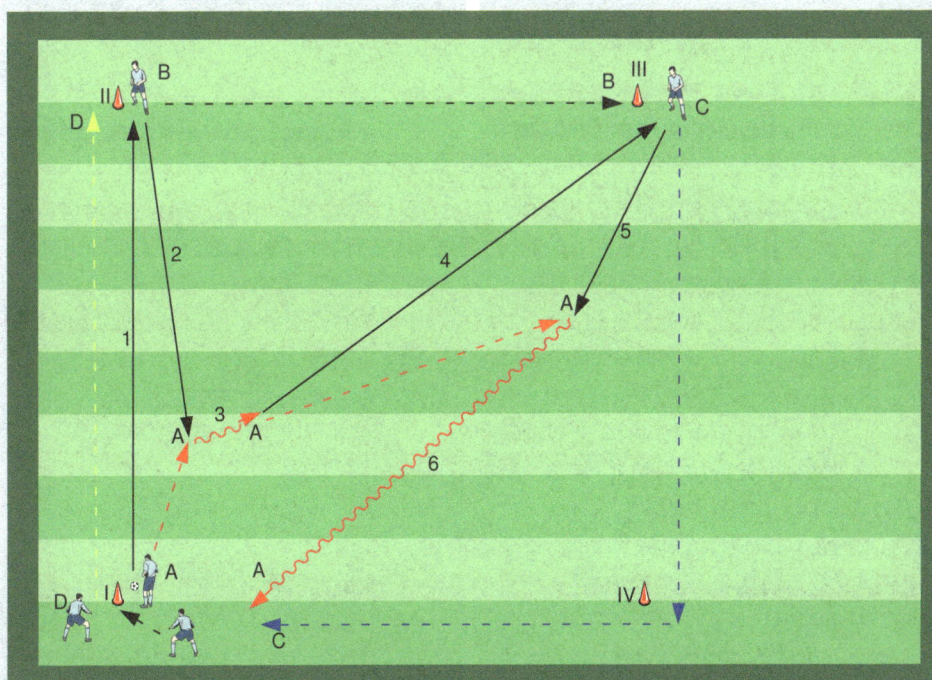

训练目的

- 球技（触球）

训练重点

- 传球、停球
- 假动作、运球技巧
- 一对一训练

训练方面

技能方面：	一脚传球、踢墙式传球、传球经过多个位置、在正方形中传球、运球
年龄层次：	14岁以上
难度级别：	高级
训练类型：	分组训练
训练架构：	热身、循序渐进、要点/重点
目标：	防守行为、进攻行为、提高个人技能
参训运动员总数：	4名或4名以上运动员
参加的运动员：	整支球队
训练场所：	任意
空间意识：	限定比赛场地
时长：	10~20分钟
生理机能：	足球特定耐力、力量和速度

组织

如图所示放置4个锥桶。在开始锥桶位置有2名或2名以上运动员，锥桶 Ⅰ 和锥桶 Ⅱ 位置各有1名运动员。在开始锥桶位置放置1个球。

过程

运动员A按照顺序将球传给运动员B。接着运动员A在场地里沿着对角方向跑动，而运动员B在传球后快速跑向锥桶 Ⅲ 位置，运动员D则跑向锥桶 Ⅱ 位置。运动员A控制运动员B传回的球后，接着带球向前跑动1米或者2米距离，然后将球传给运动员C。运动员A继续进行对角跑动同时接住运动员C以一次性触球方式传过来的球。接着，运动员C绕着锥桶Ⅳ位置跑动并占据锥桶 Ⅰ 位置，以便加入下一次的训练。同时，运动员E快速跑向运动员A。运动员A在控球之后改变方向并快速运球跑向运动员E，同时尝试以假动作方式传球经过运动员E。教练决定运动员E是主动还是被动参训。其他运动

员都可以替代运动员E的角色，完成拦截后回到开始位置参加训练。

诀窍

一开始训练可以先慢慢跑动，接着再加速。接球员必须总是在接球之前做出一些反向跑动的假动作。如果只有4名运动员进行快速训练，那么这个训练会让运动员感到非常疲劳。

- 在时间压力之下（同时使用2个球进行训练），这个训练会模拟出一个非常逼真的比赛情形。
- 接球员必须发出要球的信号。
- 传球和跑动的时机非常重要。
- 运动员跑动的速度比传球的速度要快一些。
- 不要忘记跑动。
- 必须具备一定的传球力量和准确性。
- 传球的准确性比传球的速度更重要。
- 必须一直保持精神高度集中。

- 运动员需要花费一定的时间才可以掌握训练。
- 必须具备良好的触球和传球技术。
- 运动员在带球和不带球跑动的情况下都必须具备预期、意识、反应、速度等能力。
- 要求一直保持最快速度。
- 注意在训练中，同时运用进攻和拦截的技巧。

锥桶距离

垂直距离：20米。

水平距离：20米。

器材

4个锥桶。

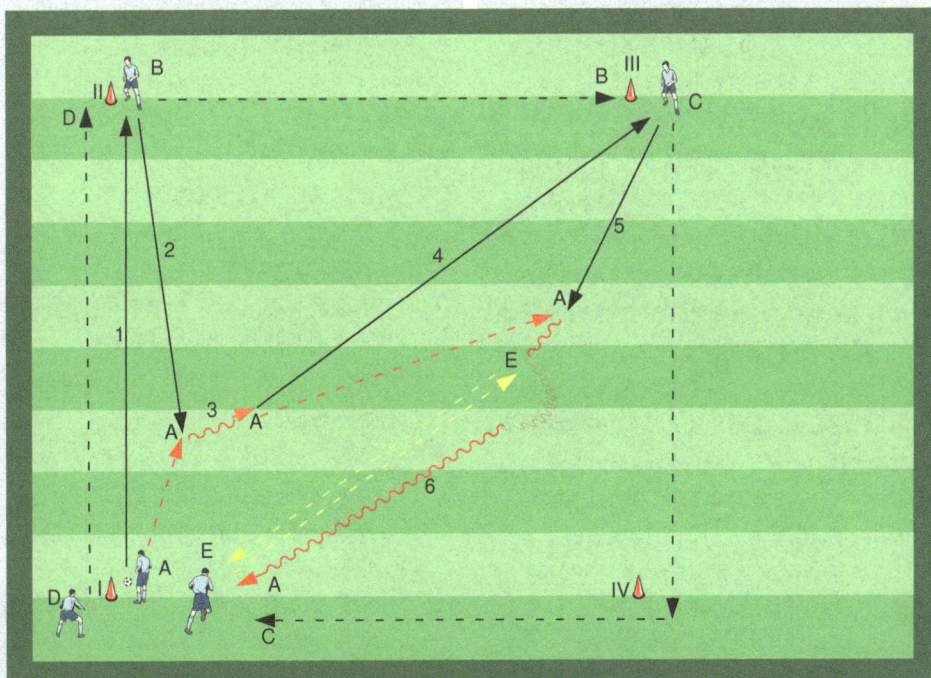

训练目的
- 球技（触球）

训练重点
- 传球
- 停球

训练方面

技能方面：	一脚传球、传球经过多个位置、在三角形中传球、短传、长传、快速传球训练、运球
年龄层次：	15岁以上
难度级别：	专业
训练类型：	分组训练
训练架构：	热身、循序渐进、要点/重点
目标：	进攻行为、提高个人技能
参训运动员总数：	5名运动员
参加的运动员：	整支球队
训练场所：	任意
空间意识：	限定比赛场地
时长：	10～20分钟
生理机能：	足球特定耐力、力量和速度

组织

如图所示使用6个锥桶设置训练场地。除了锥桶Ⅰ，每个锥桶位置都有1名运动员。在锥桶Ⅲ位置放置1个球。

过程

训练从运动员E在锥桶Ⅱ的位置开始。运动员E以假动作的方式跑向接球位置，运动员D将球传给跑向球的运动员E，接着运动员E以一脚触球方式将球传给运动员A。运动员A将球传给在锥桶V位置等待的运动员B，同时快速跑向锥桶Ⅲ位置，跑过左边的锥桶Ⅳ位置时，运动员B将球传给跑动中的运动员A，接着运动员A将球传到锥桶Ⅰ位置。运动员D在完成向运动员E传球之后正在这个锥桶位置等待。运动员D在锥桶Ⅰ位置以一脚传球方式将球回传给运动员A。运动员A带球同时占据运动员D在锥桶Ⅲ的位置。

诀窍

一开始训练可以先慢慢跑动，接着再加速。接球员必须总是在接球之前做出一些反向跑动的假动作。如果只有4名运动员进行快速训练，那么这个训练会让运动员感到非常疲劳。

- 在时间压力之下（同时使用2个球进行训练），这个训练会是一个非常逼真的比赛情形。
- 接球员必须发出要球的信号。
- 传球和跑动的时机非常重要。
- 运动员跑动的速度比传球的速度要快一些。
- 不要忘记跑动。
- 必须具备一定的传球力量和准确性。
- 传球的准确性比传球的速度更重要。
- 必须一直保持精神高度集中。
- 运动员需要花费一定的时间才可以掌握训练。

- 运动员在带球和不带球跑动的情况下都必须具备预期、意识、反应、速度等能力。
- 这个传球和运球训练要求运动员具备较高的比赛智商。

锥桶距离

三角形里面的距离（锥桶Ⅰ、Ⅱ、Ⅲ和锥桶Ⅳ、Ⅴ、Ⅵ）：6米。

垂直距离：（锥桶Ⅱ和Ⅵ）：24米。

锥桶Ⅲ到Ⅳ的距离：12米。

器材

6个锥桶。

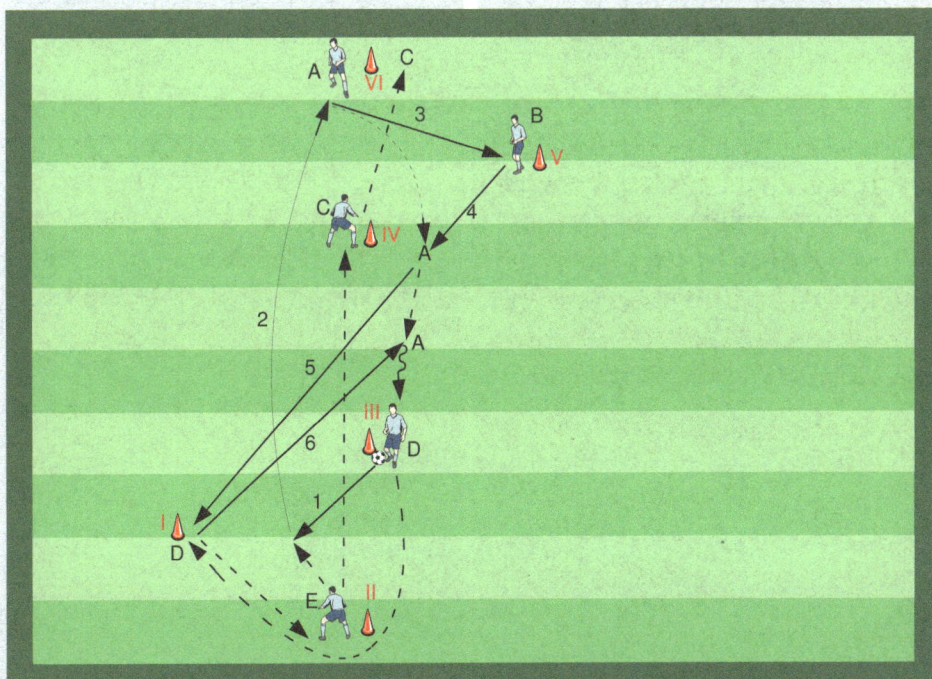

训练目的
- 球技（触球）

训练重点
- 传球

训练方面

技能方面：	一脚传球、踢墙式传球、传球多个位置、短传、长传、足球专业短跑训练
年龄层次：	13岁以上
难度级别：	任意
训练类型：	分组训练
训练架构：	热身、循序渐进、要点/重点
目标：	提高个人技能
参训运动员总数：	4名运动员
参加的运动员：	整支球队
训练场所：	任意
空间意识：	限定比赛场地
时长：	10~20分钟
生理机能：	足球特定耐力、力量和速度

组织

如图所示放置4个锥桶。每个锥桶位置有1名运动员，同时在开始锥桶位置放置1个球。

过程

运动员A以空中长传的方式将球传给运动员B。运动员B以一脚传球的方式将球传给运动员C。接着运动员C将球回传给运动员B，而运动员B以空中长传的方式将球传回给运动员A。运动员A与运动员D也进行同样的传球训练。在每次长传之后，两名完成二过一传球的运动员快速交换位置。

诀窍

一开始可以先慢慢跑动，接着再加速。接球员必须总是在接球之前做出一些反向跑动的假动作。

- 要求良好的传球准确性，同时在长传之前注重漂亮的停球，这样就可以以一脚触球的方式传球。
- 接球员必须学会正确地判断球的飞行方向，同时根据方向调整个人位置。
- 传球的准确性比传球的速度更重要。
- 必须一直保持精神高度集中。
- 必须使用内脚背缓冲长传的球。
- 运动员可以使用内脚背或者脚前掌（传中技术）进行长传。

锥桶距离

　　垂直距离：30米。

　　运动员A到D、B到C之间的锥桶间距：7.5米。

器材

　　4个锥桶。

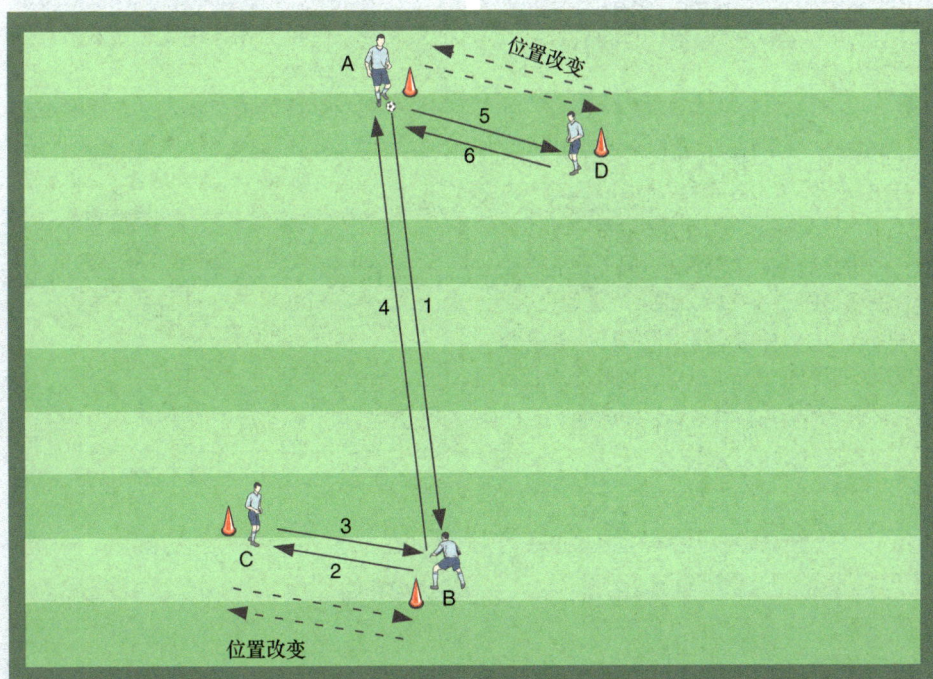

训练目的
- 球技（触球）

训练重点
- 传球

训练方面

技能方面：	一脚传球、踢墙式传球、传球经过多个位置、短传、长传
年龄层次：	15岁以上
难度级别：	专业
训练类型：	分组训练
训练架构：	热身、循序渐进、要点/重点
目标：	提高个人技能
参训运动员总数：	8名运动员
参加的运动员：	整支球队
训练场所：	任意
空间意识：	限定比赛场地
时长：	10～20分钟
生理机能：	足球特定耐力、力量和速度

组织

如图所示放置8个锥桶。每个锥桶位置都有1名运动员。分成4组，每组运动员各带1个球。

过程

4组运动员同时进行相同的传球训练。

组Ⅰ的运动员A与运动员B以二过一方式传球，接着组Ⅰ的运动员A以空中长传的方式向组Ⅱ的运动员A传球。同时组Ⅱ的运动员完成形同的训练后，该组的运动员A以长传方式向组Ⅰ的对应运动员传球。组Ⅲ和组Ⅳ完成相同的传球训练。在完成每次长传后，组中的两名运动员快速交换位置。

诀窍

一开始可以先慢慢跑动，接着再加速。接球员必须总是在接球之前做出一些反向跑动的假动作。

- 要求良好的传球准确性，同时在长传之前注重漂亮的停球，这样就可以以一脚触球的方式传球。
- 传球的准确性比传球的速度更重要。
- 必须一直保持精神高度集中。
- 这个训练要求运动员在时间压力之下发挥较高的技术能力。
- 运动员之间必须一直保持沟通。
- 确保在同时传球的过程中，球不会发生碰撞。

锥桶距离

垂直距离：30米。

水平距离：30米。

运动员A到运动员B锥桶之间的距离：7.5米。

器材

8个锥桶。

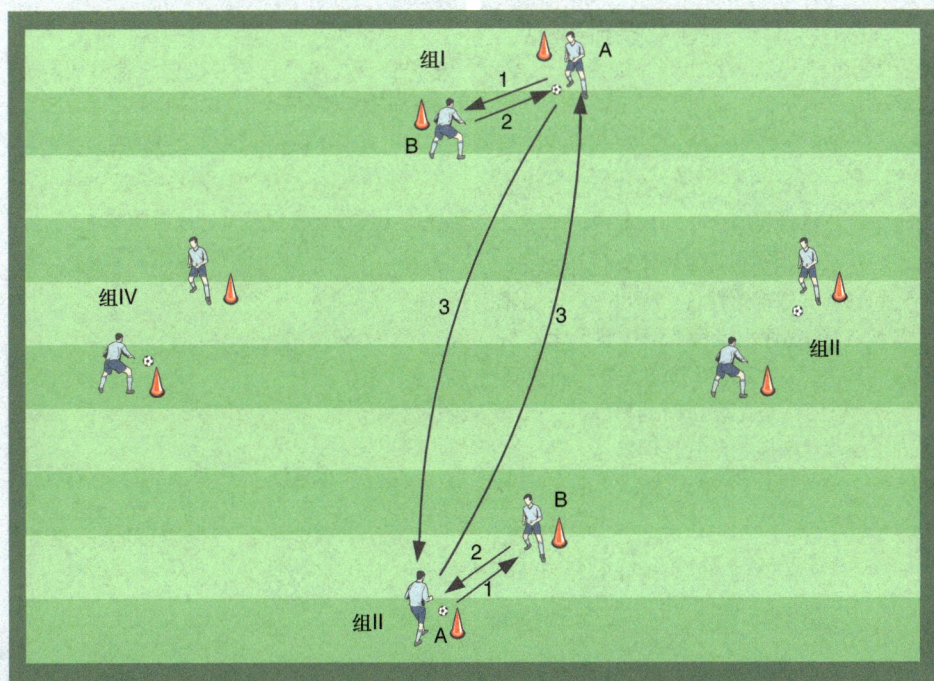

66 通过防守传球和跑动方式传球

训练目的

- 球技（触球）

训练重点

- 传球

训练方面

技能方面：	一脚传球、踢墙式传球、传球经过多个位置、短传、先发制人
年龄层次：	13岁以上
难度级别：	高级
训练类型：	分组训练
训练架构：	热身、循序渐进、要点/重点
目标：	进攻行为、提高个人技能
参训运动员总数：	4名运动员
参加的运动员：	整支球队
训练场所：	任意
空间意识：	限定比赛场地
时长：	10～20分钟
生理机能：	足球特定耐力、力量和速度

组织

如图所示放置3个锥桶。第一个锥桶位置有2名运动员。其他的锥桶位置各有1名运动员。

过程

运动员A将球传给运动员C。运动员B以快速假动作方式跑向运动员A（B1点），接着快速接住运动员C的长传球。运动员B以一脚触球方式将球回传给运动员C，接着站到运动员C后面的锥桶 II 的位置。运动员A在传球之后跑向锥桶 III 位置，同时占据运动员B之前的位置。现在运动员C从另一个方向按照传球顺序重新开始训练。

诀窍

一开始可以先慢慢跑动，接着再加速。接球员必须总是在接球之前做出一些反向跑动的假动作。

- 必须具备一定的传球力量和准确性。
- 传球的准确性比传球的速度更重要。
- 必须一直保持精神高度集中。
- 传球和跑动的时机非常重要。

锥桶距离

垂直距离：20米。

水平距离：10米。

锥桶间距：10米。

器材

3个锥桶。

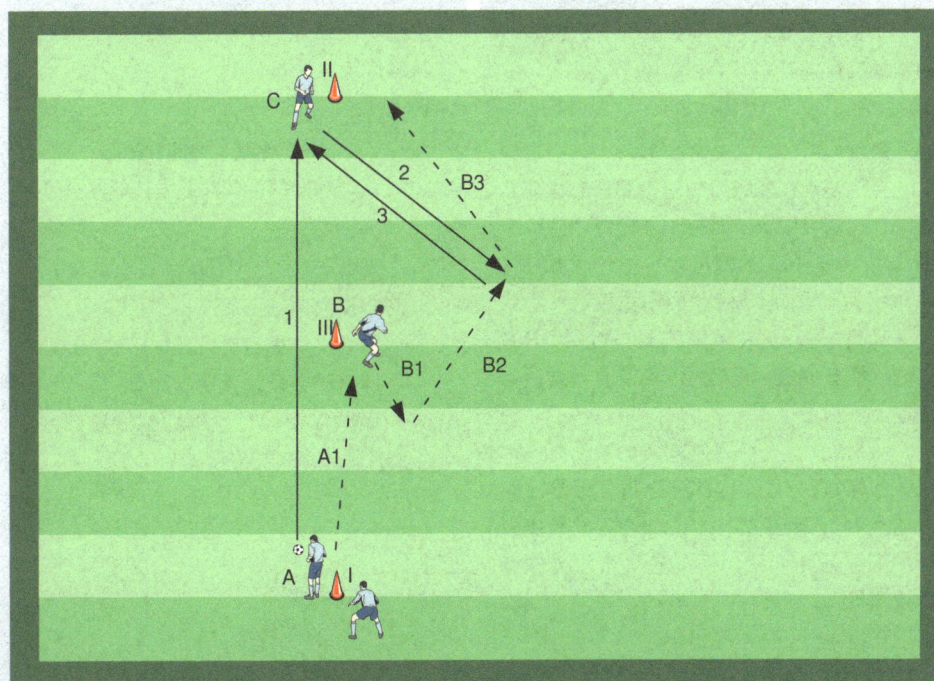

训练目的

- 球技（触球）

训练重点

- 传球

训练方面

技能方面：	一脚传球、踢墙式传球、传球经过多个位置、短传、长传、控制、控球
年龄层次：	13岁以上
难度级别：	高级
训练类型：	分组训练
训练架构：	热身、循序渐进、要点/重点
目标：	进攻行为、提高个人技能
参训运动员总数：	5名运动员
参加的运动员：	整支球队
训练场所：	任意
空间意识：	限定比赛场地
时长：	10~20分钟
生理机能：	足球特定耐力、力量和速度

组织

如图所示放置4个锥桶进行传球训练。第一个锥桶位置有1名以上的运动员，其他的锥桶位置各有1名运动员。

过程

级别1：

运动员A沿着地面向运动员B传球开始训练。运动员B以一脚触球方式将球传给运动员C，运动员C接着也以一脚触球方式将球传给运动员D。然后按照顺序完成跑动（运动员A跑动到锥桶Ⅱ位置，运动员B跑动到锥桶Ⅲ位置，而运动员C跑动到锥桶Ⅳ位置）。

级别2：

按照级别1的相同顺序进行，但是按照运动员A和运动员C以二过一的方式完成传球的顺序开始训练，接下来才可以将球传给运动员B。

级别3：

按照级别1的相同顺序进行，只有在第一次传球时运动员A可以采用空中长传的方式将球传给运动员B。

可供选择的方式

- 运动员一开始可以有两次触球的机会。
- 两个方向的传球都必须按顺序进行。

诀窍

- 接球员必须总是在接球之前做出一些反向跑动的假动作。
- 沿着地面进行有力且准确的传球。
- 停球时必须稍微抬起脚。
- 必须以接球员可以立刻停球的方式进行长传。

锥桶距离

锥桶Ⅰ到锥桶Ⅳ的垂直距离：24米。

锥桶Ⅱ到锥桶Ⅲ的垂直距离：10米。

锥桶Ⅰ到锥桶Ⅱ、锥桶Ⅲ到锥桶Ⅳ的距离：15米。

器材

4个锥桶。

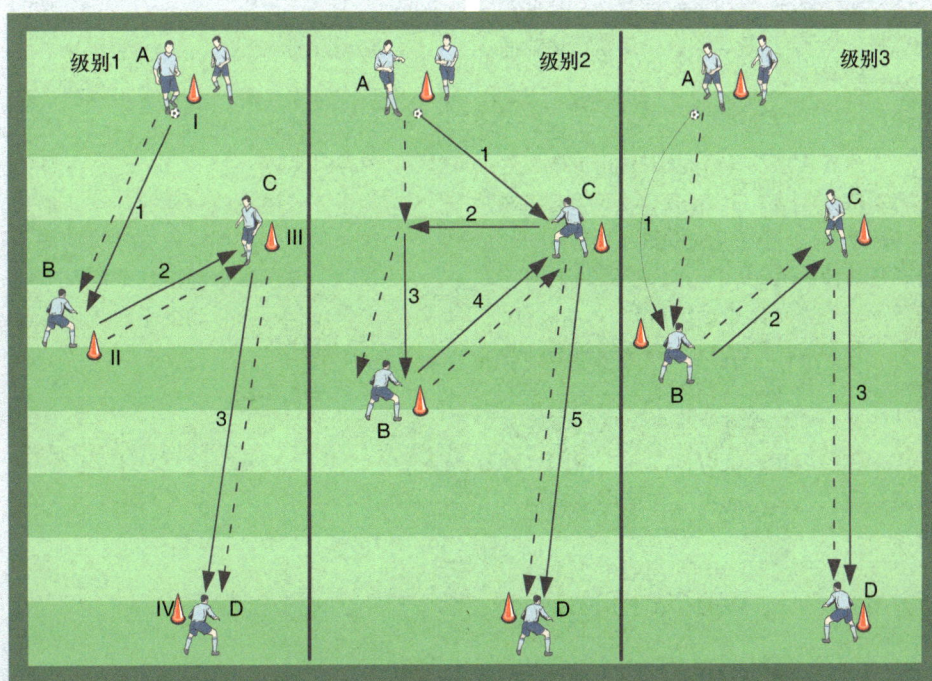

训练目的
- 球技（触球）

训练重点
- 传球
- 停球

训练方面

技能方面：	一脚传球、传球经过多个位置、短传、长传
年龄层次：	15岁以上
难度级别：	高级
训练类型：	分组训练
训练架构：	热身、循序渐进、要点/重点
目标：	进攻行为、个人素质
参训运动员总数：	7名运动员
参加的运动员：	整支球队
训练场所：	任意
空间意识：	限定比赛场地
时长：	10～20分钟
生理机能：	足球特定耐力、力量和速度

组织

如图所示设置1个六边形场地。除了第一个锥桶位置有1名以上的运动员，其他每个锥桶位置各有1名运动员。在第一个锥桶位置开始运球训练。

过程

训练一开始，运动员A以对角传球的方式将球传给运动员C。接着，运动员C将球传给运动员B，接着运动员B以对角传球的方式将球传给运动员D。运动员D也以对角传球的方式将球传给运动员F，运动员F接着将球传给运动员E。运动员E以对角传球方式将球传给运动员G来结束训练。接下来按照相同的顺序进行训练。运动员在传球之后都按照顺时针方向跑向下一个锥桶位置。可以沿着地面或者在空中进行对角传球。

可供选择的方式

在完成4组跑动之后改变方向。

诀窍

- 接球员必须总是在接球之前做出一些反向跑动或者跑向球侧边的假动作。
- 沿着地面进行有力且准确的传球。
- 停球时必须稍微抬起脚。
- 如果在空中进行对角线传球，那么接球员必须能够以一脚触球的方式停球。必须准确地接球，同时球的力量不能过大且高度不超过接球员的胸部。
- 必须进行沟通。

锥桶距离

垂直距离：30米。

水平距离：20米。

器材

6个锥桶。

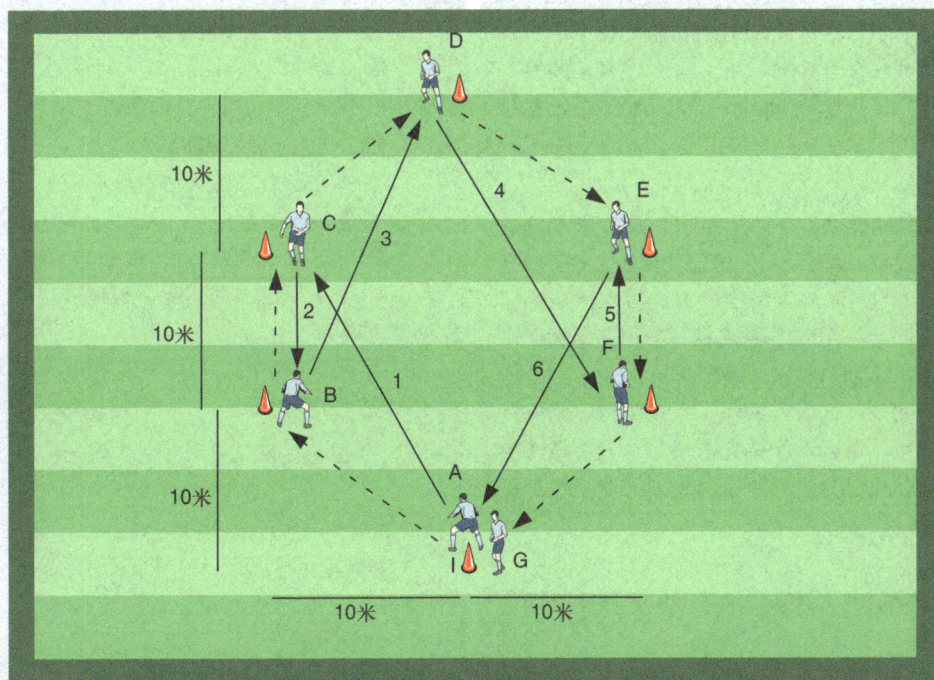

训练目的
- 球技（触球）

训练重点
- 传球

训练方面

技能方面：	一脚传球、传球经过多个位置、短传、长传、运球
年龄层次：	15岁以上
难度级别：	高级
训练类型：	分组训练
训练架构：	热身、循序渐进、要点/重点
目标：	进攻行为、提高个人技能
参训运动员总数：	10名运动员
参加的运动员：	整支球队
训练场所：	任意
空间意识：	限定比赛场地
时长：	10~20分钟
生理机能：	足球特定耐力、力量和速度

组织

使用锥桶设置2个梯形场地。在第一个锥桶位置有1名以上的运动员。其他的每个锥桶位置有1名运动员。第一个锥桶位置放1个球。

过程

运动员A以对角传球方式将球传给运动员C，运动员C将球回传给运动员B。运动员B接着以对角传球方式将球传给运动员D，运动员D快速将球运回到开始锥桶位置。运动员都按照顺时针方向朝下一个锥桶跑动。同时，另外一组按照相同的方式训练，从运动员E以对角传球方式将球传给运动员G开始。可以沿着地面或者空中进行传球。

诀窍

- 接球员必须总是在接球之前做出一些反向跑动或者跑向球侧边的假动作。
- 沿着地面进行有力且准确的传球。
- 在停球时必须稍微抬起脚。
- 如果在空中进行对角线传球，那么接球员必须能够以一脚触球的方式停球。必须准确地接球，同时球的力量不能过大且高度不超过接球员的胸部。
- 尽可能确保两组运动员同时进行传球。
- 必须进行沟通。

锥桶距离

    垂直距离：36米。

    水平距离：24米。

器材

    8个锥桶。

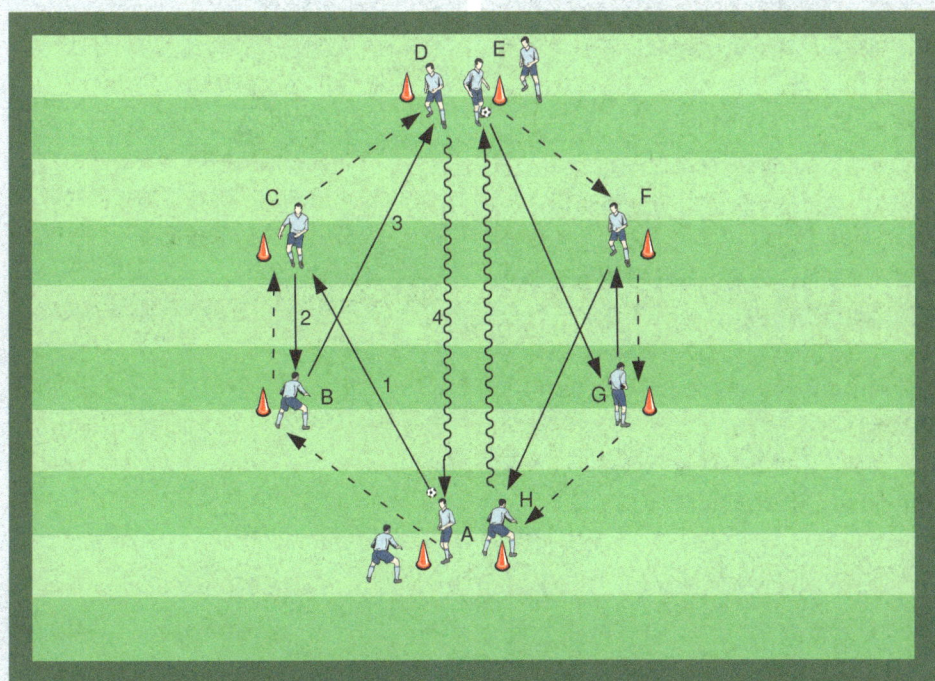

训练目的
- 球技（触球）

训练重点
- 传球

训练方面

技能方面：	一脚传球、传球经过多个位置、短传、长传、运球
年龄层次：	15岁以上
难度级别：	高级
训练类型：	分组训练
训练架构：	热身、循序渐进、要点/重点
目标：	进攻行为、提高个人技能
参训运动员总数：	10名运动员
参加的运动员：	整支球队
训练场所：	任意
空间意识：	限定比赛场地
时长：	10～20分钟
生理机能：	足球特定耐力、力量和速度

组织

如图所示放置锥桶设置2个梯形场地。在开始锥桶位置有1名以上的运动员。其他的锥桶位置分别有1名运动员。在开始锥桶位置放置1个球。

过程

运动员A和运动员E同时开始训练。运动员A以对角传球的方式将球传给运动员C，运动员C将球回传给运动员B。接着运动员B以对角传球的方式将球传给运动员D，运动员D控球并快速运球返回开始位置。另一组球队的运动员E和运动员F完成相同的传球之后，运动员D和运动员H进行交叉传球。在完成每次传球之后，每名运动员跑到下一个锥桶位置。可以沿着地面或者在空中进行对角传球方式的训练。

诀窍

- 接球员必须总是在接球之前做出一些反向跑动或者跑向球侧边的假动作。
- 沿着地面进行有力且准确的传球。
- 在停球时必须稍微抬起脚。
- 如果在空中进行对角线传球，那么接球员必须能够以一脚触球的方式停球。必须准确地接球，同时球的力量不能过大且高度不超过接球员的胸部。
- 尽可能确保两组运动员同时进行传球。
- 必须进行沟通。

锥桶距离

垂直距离：36米。

水平距离：24米。

器材

8个锥桶。

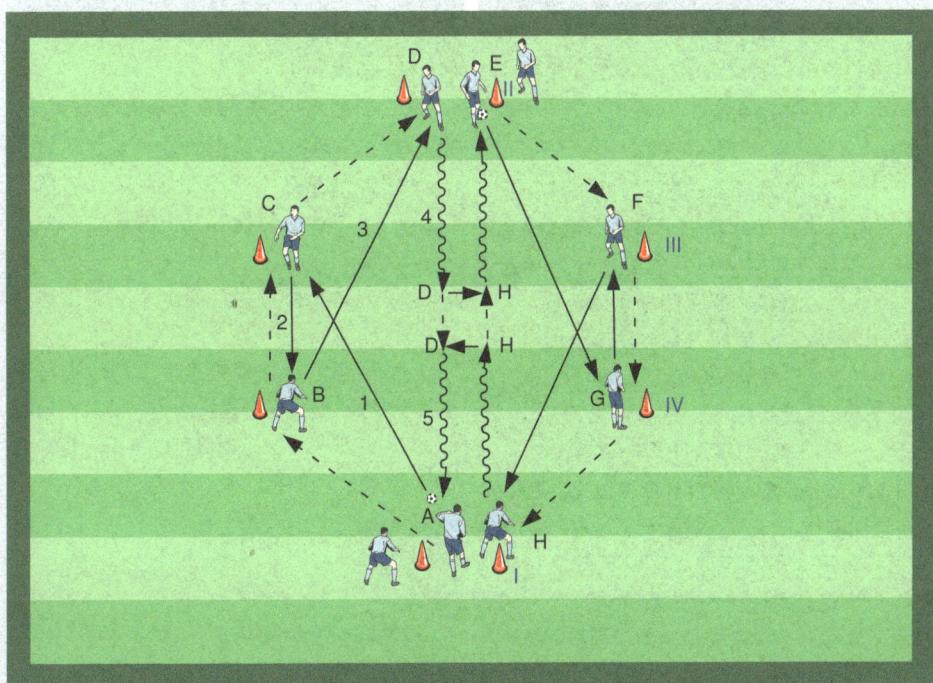

训练目的
- 球技（触球）

训练重点
- 传球

训练方面

技能方面：	一脚传球、踢墙式传球、传球经过多个位置、短传、长传、运球
年龄层次：	15岁以上
难度级别：	高级
训练类型：	分组训练
训练架构：	热身、循序渐进、要点/重点
目标：	进攻行为、提高个人技能
参训运动员总数：	10名运动员
参加的运动员：	整支球队
训练场所：	任意
空间意识：	限定比赛场地
时长：	10～20分钟
生理机能：	足球特定耐力、力量和速度

组织

如图所示放置锥桶设置2个梯形场地。在开始锥桶位置有1名以上的运动员。其他的锥桶位置分别有1名运动员。在开始锥桶位置放置1个球。

过程

运动员A和运动员E同时开始训练，这样2组的运动员就可以同时跑动。运动员A按照传球顺序以对角传球方式将球传给运动员C，运动员C将球回传给运动员B。运动员B接着以对角传球方式将球传给运动员D。运动员D与运动员C完成二过一传球，而运动员F则进行拦截抢球。接着运动员D快速运球跑回开始位置。

运动员F接着跑回到自己的位置。运动员B同运动员F一样，在另一个组担任防守角色。在每次完成传球之后，运动员按照顺时针方向跑到下一个锥桶位置。可以沿着地面或者在空中完成对角传球训练。

诀窍

- 接球员必须总是在接球之前做出一些反向跑动或者跑向球侧边的假动作。
- 沿着地面进行有力且准确的传球。
- 在停球时必须稍微抬起脚。
- 如果在空中进行对角线传球，那么接球员必须能够以一脚触球的方式停球。必须准确地接球，同时球的力量不能过大且高度不超过接球员的胸部。
- 尽可能确保两组运动员同时进行传球，这样因为进行二过一练习而暂时离开球队的运动员可以重新占据他们原先的位置，从而进行传球训练。

锥桶距离

　　垂直距离：36米。
　　水平距离：24米。

器材

　　8个锥桶。

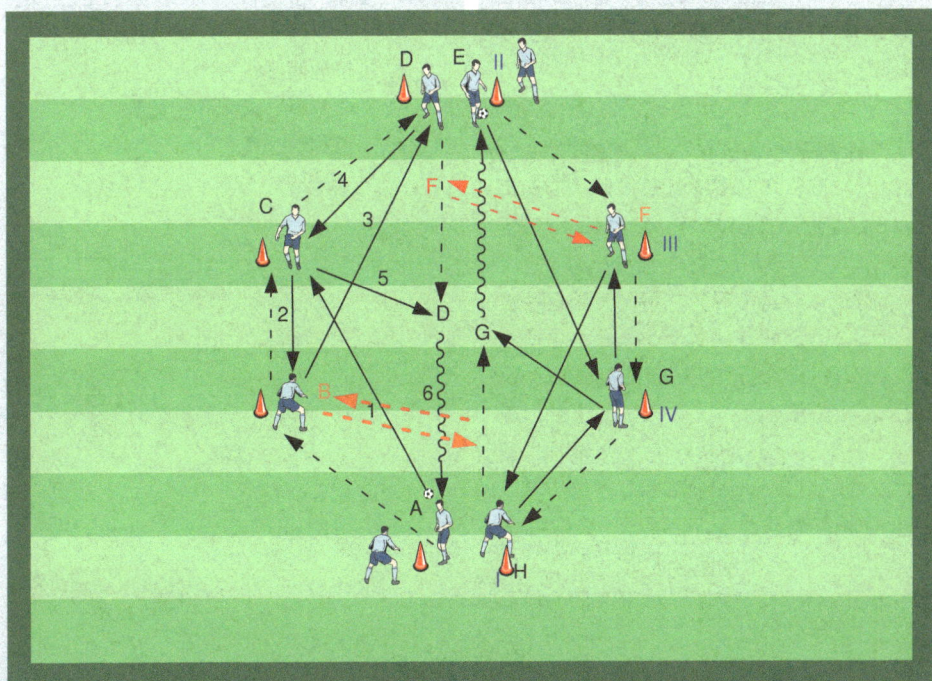

训练目的
- 球技（触球）

训练重点
- 传球
- 射门

训练方面

技能方面：	一脚传球、传球经过多个位置、短传
年龄层次：	13岁以上
难度级别：	高级
训练类型：	分组训练
训练架构：	热身、循序渐进、要点/重点
目标：	进攻行为、守门员行为、提高个人技能
参训运动员总数：	6名运动员
参加的运动员：	整支球队
训练场所：	任意
空间意识：	限定比赛场地
时长：	10~20分钟
生理机能：	足球特定耐力、力量和速度
守门员：	1名守门员

组织

如图所示设置1个六边形场地。每个锥桶位置有1名运动员，同时在开始锥桶位置放1个球。

过程

训练一开始，运动员A以对角传球方式将球传给运动员C。运动员C将球回传给运动员B，而运动员B以对角传球方式将球传给运动员D。运动员D将球传给运动员E，而运动员E以对角传球方式将球传给运动员C。运动员C在将球传给运动员B之后快速从他的锥桶位置跑开，在接到运动员E的传球后，向球门射门。运动员在跑动中形成一个圆圈，每名运动员在完成传球或是射门之后都跑到下一个锥桶位置。

在每名运动员都完成了一次射门之后，可以向另一个方向重复进行训练。例如，一开始运动员A向运动员E传球，最后由运动员E完成射门。

诀窍

- 接球员必须总是在接球之前做出一些反向跑动或者跑向球侧边的假动作。
- 沿着地面进行有力且准确的传球。
- 在停球时必须稍微抬起脚。
- 计算跑动时间。

锥桶距离

距离：10米。

器材

1个正规球门，6个锥桶。

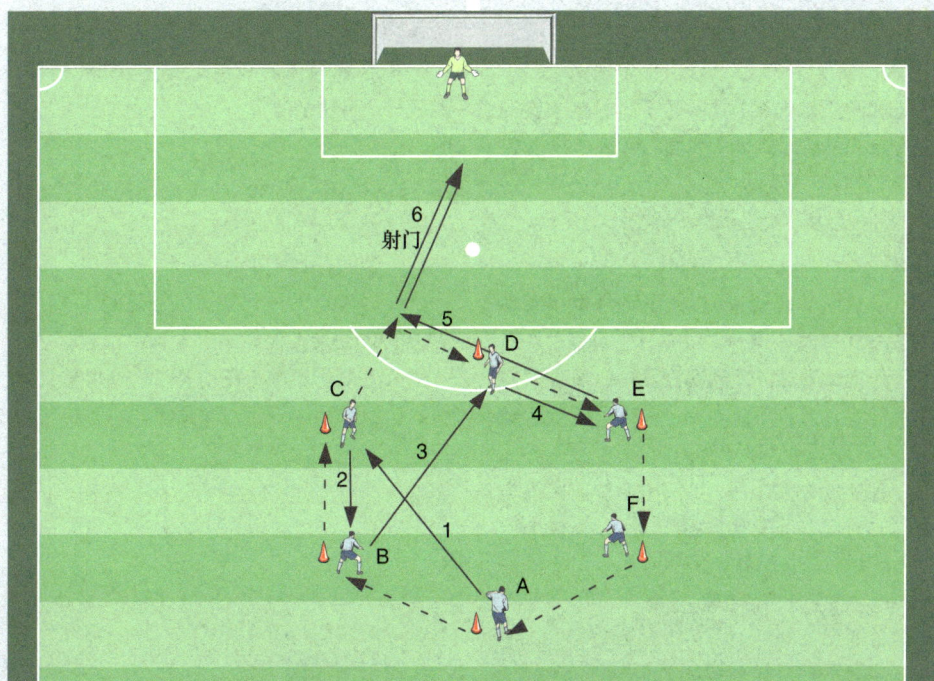

训练目的
- 球技（触球）

训练重点
- 传球
- 射门

训练方面

技能方面：	一脚传球、踢墙式传球、传球经过多个位置、在正方形中传球、短传、脚背内侧传球、正脚背传球、高级传球、凌空抽射、跑动中使用头球、在没有对手防守的情况下进行边路配合
年龄层次：	13岁以上
难度级别：	高级
训练类型：	分组训练
训练架构：	要点/重点
目标：	进攻行为、任意球、守门员行为、提高个人技能
参训运动员总数：	7名运动员
参加的运动员：	整支球队
训练场所：	任意
空间意识：	限定比赛场地
时长：	10～20分钟
生理机能：	足球特定耐力、速度耐力、力量和速度
守门员：	1名守门员

组织

如图所示设置1个矩形场地。每个锥桶位置都有1名运动员。另外3名运动员各带1球按照以下位置站立：2名运动员分别站在罚球区线两侧，1名运动员站在球门一侧。

过程

开始时，运动员A在矩形场地中以对角传球方式将球传给运动员C。运动员C将球回传给运动员B，运动员B以对角球方式将球传给运动员D。运动员D将球回传给运动员C，运动员C快速冲刺射门。

在完成射门之后，运动员D快速跑进方格同时完成以下配合并射门。

a）接运动员G传球

b）接运动员E传球

或者

c）接运动员F传球

矩形场地内的每名运动员按逆时针跑到下一个位置上。

诀窍

- 等待接球的运动员必须总是在接球之前做出一些反向跑动或者跑向球侧边的跑动假动作。
- 沿着地面进行有力且准确的传球。
- 运动员在停球时必须稍微抬起脚。
- 在矩形场地中跑动的时机非常重要。
- 必须用力地进行对角传球和回传球。

锥桶距离

垂直距离：10米。

水平距离：10米。

器材

1个正规球门，4个锥桶。

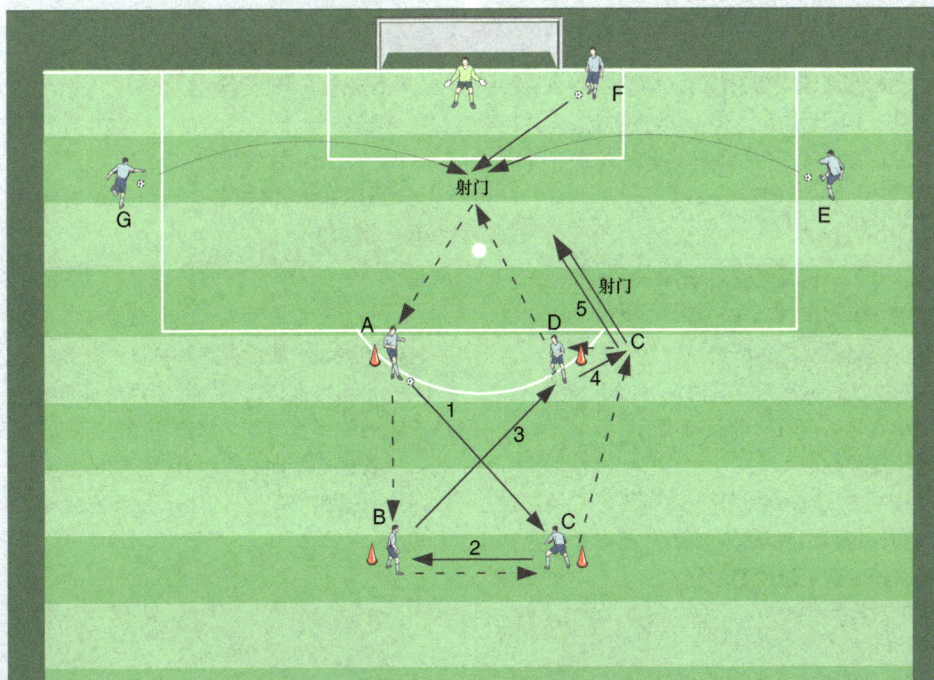

训练目的

- 球技（触球）

训练重点

- 传球
- 射门

训练方面

技能方面：	一脚传球、踢墙式传球、传球经过多个位置、短传、脚背内侧传球、正脚背传球、高级传球、凌空抽射、跑动中头球射门、在没有对手的情况下边路配合
年龄层次：	13岁以上
难度级别：	高级
训练类型：	分组训练
训练架构：	要点/重点
目标：	进攻行为、任意球、守门员行为、提高个人技能
参训运动员总数：	7名运动员
参加的运动员：	整支球队
训练场所：	任意
空间意识：	限定比赛场地
时长：	10~20分钟
生理机能：	足球特定耐力、速度耐力、力量和速度
守门员：	1名守门员

组织

如图所示设置1个矩形场地。每个锥桶位置有1名运动员。3名运动员各带1球按照以下位置站立：2名运动员分别站在罚球区线两侧，1名运动员站在球门一侧。

过程

训练一开始，运动员A在边长为10米的矩形场地里面以对角传球方式向运动员C传球。运动员C将球回传给运动员D，运动员D接着以对角传球方式将球传给运动员B。运动员B将球回传给运动员C，运动员C在短距离冲刺之后向球门射门。

在完成这次射门之后，运动员C快速跑进罚球区，同时与运动员B完成交叉路径跑动，接着两名运动员的任意一位都可以完成以下配合并射门。

a）接运动员G传球

b）接运动员E传球

或者

c）接运动员F传球。

矩形场地内的每名运动员按逆时针跑到下一个位置上。

诀窍

- 等待接球的运动员必须总是在接球之前做出一些反向跑动的假动作。
- 沿着地面进行有力且准确的传球。
- 运动员在停球时必须稍微抬起脚。
- 在矩形场地中跑动的时机非常重要。
- 必须用力地进行对角传球和回传球。

锥桶距离

> 垂直距离：10米。
> 水平距离：10米。

器材

> 1个正规球门，4个锥桶。

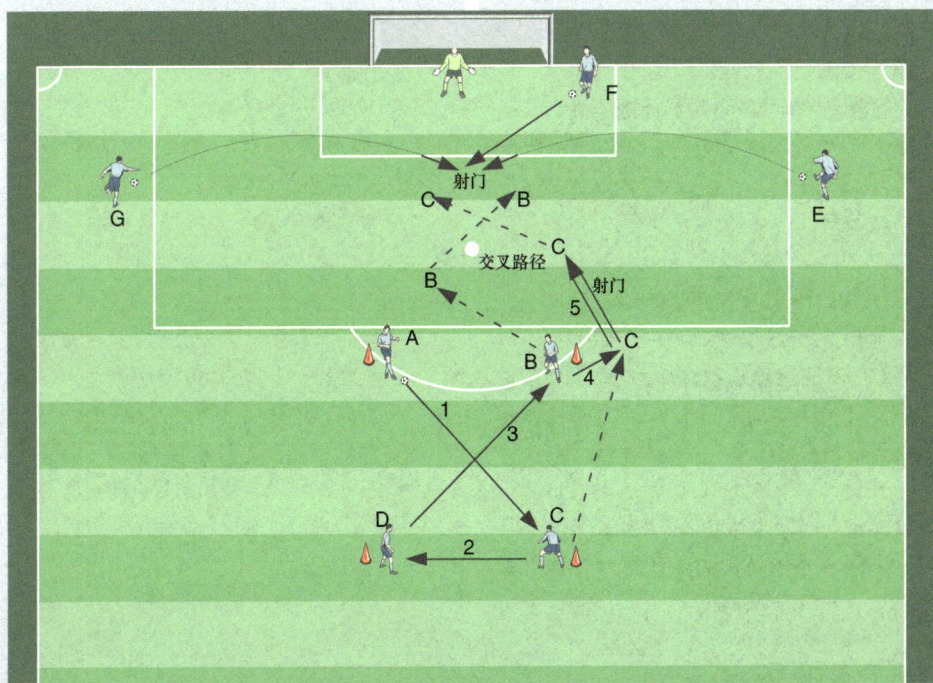

75 以交叉跑动和射门方式传球 Ⅲ

训练目的

- 球技（触球）

训练重点

- 传球
- 射门

训练方面

技能方面：	一脚传球、踢墙式传球、传球经过多个位置、短传、脚背内侧传球、正脚背传球、高级传球、凌空抽射、跑动中头球射门、在没有对手的情况下边路配合
年龄层次：	13岁以上
难度级别：	高级
训练类型：	分组训练
训练架构：	要点/重点
目标：	进攻行为、守门员行为、提高个人技能
参训运动员总数：	7名运动员
参加的运动员：	整支球队
训练场所：	任意
空间意识：	限定比赛场地
时长：	10～20分钟
生理机能：	足球特定耐力、力量和速度
守门员：	1名守门员

组织

如图所示设置1个矩形场地。每个锥桶位置有1名运动员。另外3名运动员各带1球按照以下位置站立：2名运动员分别站在罚球区线两侧，1名运动员站在球门一侧。

过程

一开始，运动员A和运动员D完成传球。运动员A斜对着将球传给运动员C，运动员C将球回传给运动员D。运动员D斜对着将球传给运动员B，同时运动员C快速跑向罚球区的右侧顶角。

在完成射门尝试之后，运动员B必须快速跑进罚球区与运动员C完成交叉路径跑动。接下来两名运动员的任意一位都可以完成以下配合并射门。

a）接运动员G传球

b）接运动员E传球

或者

c）接运动员F传球。

矩形场地内的每名运动员按逆时针跑到下一个位置上。

诀窍

- 等待接球的运动员必须总是在接球之前做出一些反向跑动的假动作。
- 沿着地面进行有力且准确的传球。
- 运动员在停球时必须稍微抬起脚。
- 在矩形场地中跑动的时机非常重要。
- 必须用力地进行对角传球和回传球。

75 以交叉跑动和射门方式传球 III

锥桶距离

垂直距离：10米。

水平距离：10米。

器材

1个正规球门，4个锥桶。

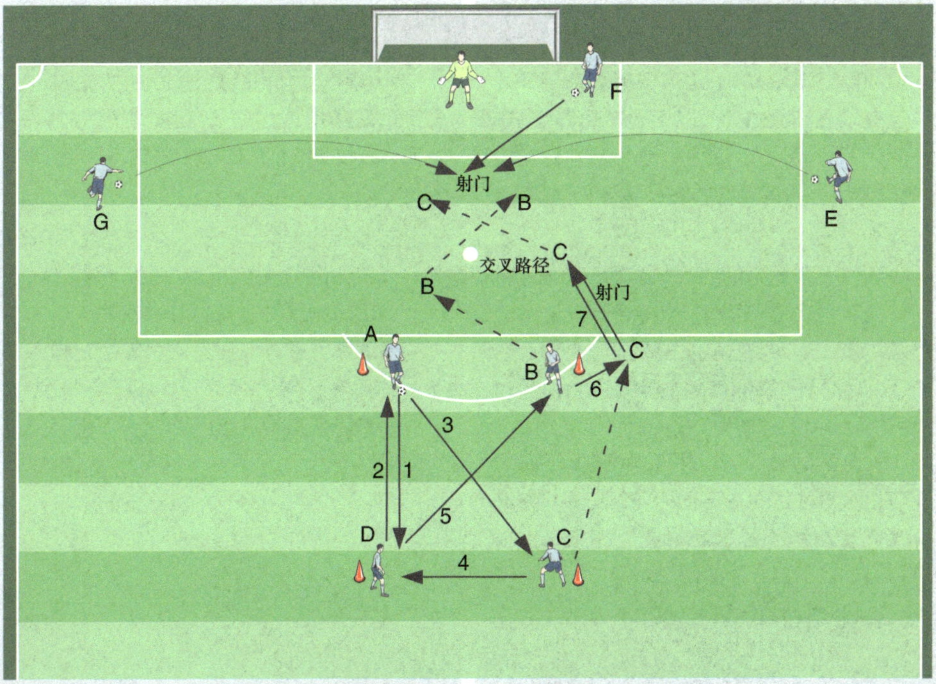

训练目的
- 球技（触球）

训练重点
- 传球
- 射门

训练方面

技能方面：	一脚传球、踢墙式传球、传球经过多个位置、短传、脚背内侧传球、正脚背传球、高级传球、凌空抽射、跑动中头球射门、在没有对手的情况下边路配合
年龄层次：	13岁以上
难度级别：	高级
训练类型：	分组训练
训练架构：	要点/重点
目标：	进攻行为、守门员行为、提高个人技能
参训运动员总数：	7名运动员
参加的运动员：	整支球队
训练场所：	任意
空间意识：	限定比赛场地
时长：	10~20分钟
生理机能：	足球特定耐力、力量和速度
守门员：	1名守门员

组织

如图所示设置1个矩形场地。每个锥桶位置有1名运动员。另外3名运动员各带1球按照以下位置站立：2名运动员分别站在罚球区域两侧，1名运动员站在球球门一侧。

过程

训练一开始，运动员A以对角线方式将球传给运动员C。运动员C将球回传给运动员D。运动员D以对角线方式将球传给运动员B。运动员B将球传给将运动员A，运动员A将球传给跑来的运动员C。

一旦运动员C完成射门，那么运动员B就可以快速冲进罚球区同时与运动员C完成交叉路径跑动。两名运动员的任意一位都可以完成以下配合并射门。

a）接运动员G传球

b）接运动员E传球

或者

c）接运动员F传球。

矩形场地内的每名运动员按逆时针跑到下一个位置上。

诀窍

- 等待接球的运动员必须总是在接球之前做出一些反向跑动的假动作。
- 沿着地面进行有力且准确的传球。
- 运动员在停球时必须稍微抬起脚。
- 在矩形场地中跑动的时机非常重要。
- 必须用力地进行交叉传球和回传球。

锥桶距离

垂直距离：15米。

水平距离：15米。

器材

1个正规球门，4个锥桶。

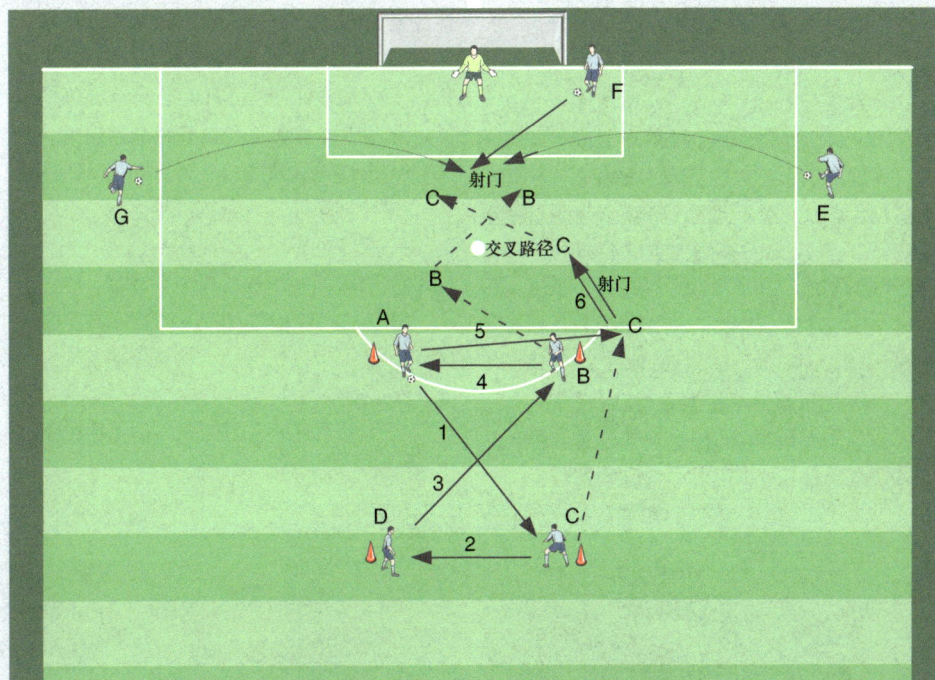

训练目的
- 球技（触球）

训练重点
- 传球
- 射门

训练方面

技能方面：	踢墙式传球、传球经过多个位置、短传、长传
年龄层次：	15岁以上
难度级别：	高级
训练类型：	分组训练
训练架构：	要点/重点
目标：	分组、提高个人技能
参训运动员总数：	5名或者5名以上运动员
参加的运动员：	整支球队
训练场所：	任意
空间意识：	限定比赛场地
时长：	15～20分钟
生理机能：	足球特定耐力、力量和速度
守门员：	1名守门员

组织

如图所示使用4个锥桶进行训练。在开始锥桶位置有1名或者1名以上的运动员。

过程

运动员A以长传方式（沿着地面或者空中）将球传给运动员B，接着在完成传球之后向锥桶II位置跑动。运动员B将球传到运动员A跑动的位置，运动员A接着将球传给运动员C。运动员C以短传方式将球传给运动员B。同时，运动员D快速跑向罚球区。运动员B将球传到空中以便运动员D从中路突破跑动接球。运动员D必须在距离球门14～18米的位置接球。接着运动员D射门，完成射门后占据运动员A之前的位置。所有的运动员按逆时针跑向下一个位置。

诀窍

一开始训练时运动员可以慢点跑动，接着再加速跑动。等待接球的运动员必须总在控球之前做出一些短暂且快速的假动作。在快节奏和只有4名运动员参加的情况下，这个训练会让运动员感到非常疲劳。

- 在时间限制之下，这个传球训练会非常逼真且具备挑战性。
- 接球员必须发出要球的信号。
- 传球和跑动的时机非常重要。
- 传球的准确性比传球的速度更重要。
- 必须一直保持精神高度集中。
- 必须沿着地面进行有力地传球。
- 运动员必须在回传球时稍微抬起脚。

锥桶距离

    锥桶Ⅰ~锥桶Ⅱ之间的距离：40米。

    锥桶Ⅱ~锥桶Ⅲ之间的距离：10米。

    锥桶Ⅲ~锥桶Ⅳ之间的距离：10米。

器材

    1个正规球门，4个锥桶。

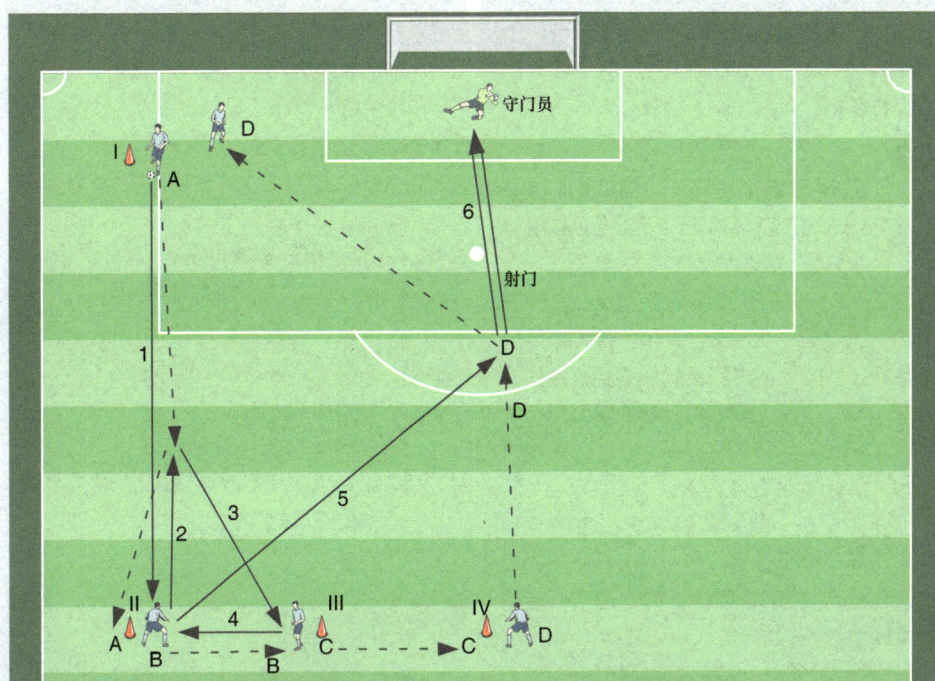

训练目的
- 球技（触球）

训练重点
- 传球
- 射门

训练方面

技能方面：	一脚传球、传球经过多个位置、以不同的阵式传球、短传、控球、跑动中组合技术技能
年龄层次：	18岁以上
难度级别：	专业
训练类型：	团队训练
训练架构：	要点/重点
目标：	团队合作
参训运动员总数：	13名运动员
参加的运动员：	整支球队
训练场所：	任意
空间意识：	半场
时长：	15～20分钟
生理机能：	足球特定耐力
守门员：	1名守门员

组织

如图所示放置锥桶。2名或者2名以上的运动员站在开始锥桶位置。其他各个锥桶位置有1名运动员。

过程

在五边形场地里进行一脚触球训练（1～5）。然后将球长传到六边形场地（6）。接住长传的运动员在控球之后开始改变为一脚触球训练（7～12）。传球（13）是向运动员A进行传球。在将球传给运动员B（15）之前，运动员A控球并快速运球（14）。运动员B将球传到运动员A的路径（16）上，同时运动员A在距离球门大约14～17米的位置进行射门（17）。

在完成整个训练阶段之后，每名运动员都跑到下一个锥桶位置上。运动员A成了（之前的运动员B）回传球的运动员，而运动员B则在一开始就加入到训练中。

诀窍

训练一开始跑动可以慢一些，接着再加快传球的速度。等待接球的运动员必须总是在接住每个传球之前做出一些（向着一侧或者向后）短暂且快速的假动作。

- 运动员需要一定的训练时间才能够记住动作。
- 好的技术、触球和传球是非常重要的。
- 传球必须具备力量和准确性。
- 准确性比速度更重要些。
- 必须一直保持精神集中。
- 必须保持不断沟通。
- 必须定期测试运动员在带球和不带球的情况下预期、意识、反应和跑动的速度等能力。

锥桶距离

五边形和六边形场地里锥桶之间的距离为6米。

五边形和六边形的距离：15米。

器材

1个正规球门，13个锥桶。

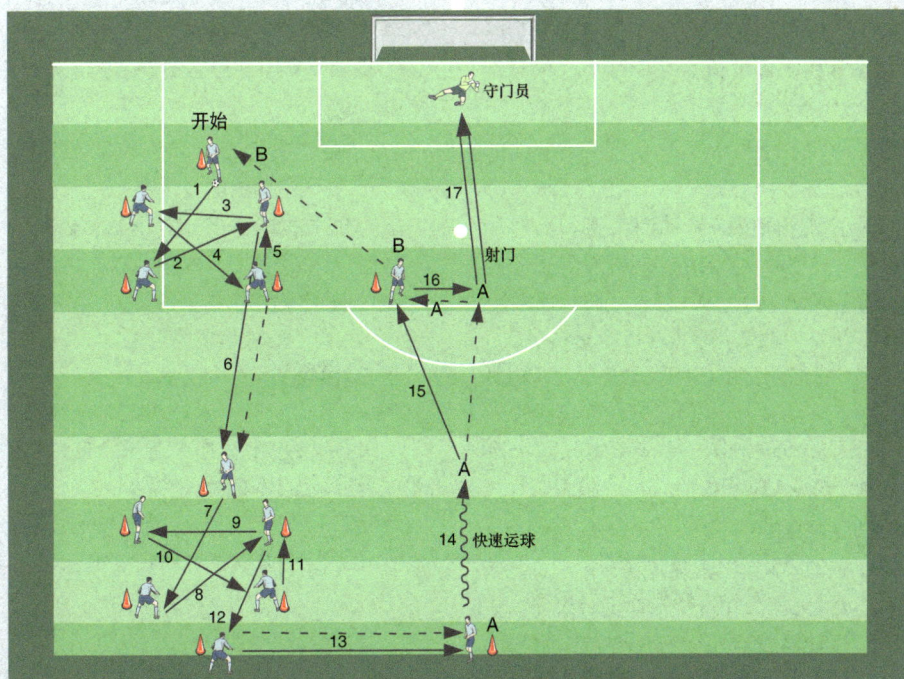

训练目的

- 球技（触球）

训练重点

- 传球
- 射门

训练方面

技能方面：	一脚传球、踢墙式传球、传球经过多个位置、短传、控球、中场进攻
年龄层次：	15岁以上
难度级别：	高级、专业
训练类型：	分组训练
训练架构：	要点/重点、总结
目标：	进攻行为、提高个人技能
参训运动员总数：	4名或4名以上运动员
参加的运动员：	整支球队
训练场所：	任意
空间意识：	半场
时长：	10～20分钟
生理机能：	足球特定耐力、力量和速度
守门员：	1名守门员

组织

如图所示放置5个锥桶。几名运动员带球站在开始锥桶位置。各个锥桶位置分别有1名运动员。

过程

运动员A将球传给运动员B，运动员B将球回传到运动员A跑动的位置，同时朝着运动员D跑动。运动员A将球传给运动员C，运动员C向运动员B传球，同时运动员C向球门跑动。运动员B将球传给运动员D，运动员D将球从空中传给运动员C。运动员C射门。

除了加入到开始位置的运动员D，所有参与传球的运动员都跑到下一个位置。

可供选择的方式

- 运动员A直接将球传给运动员C，运动员C再将球传给运动员B等。
- 运动员A在与运动员B完成二过一传球之后将球传给运动员D，同时运动员D将球传给运动员C。

- 运动员A以长传方式将第一个球传给运动员D。运动员D可以选择将球传给运动员C或者尝试自己射门。

诀窍

重点是培养运动员以快速变化的中路突破方式尝试射门的能力。

- 好的技术，触球和传球是非常重要的。
- 传球必须具备力量和准确性。
- 准确性比速度更重要些。
- 必须一直保持精神集中。
- 必须保持不断沟通。
- 必须定期测试运动员在带球和不带球的情况下预期、意识、反应和跑动的速度等能力。
- 练习，进行训练阶段的演习、短传以及各种不同的足球训练组合。

79 以射门方式传球 II

锥桶距离

5～8米。

器材

1个正规的球门，5个锥桶。

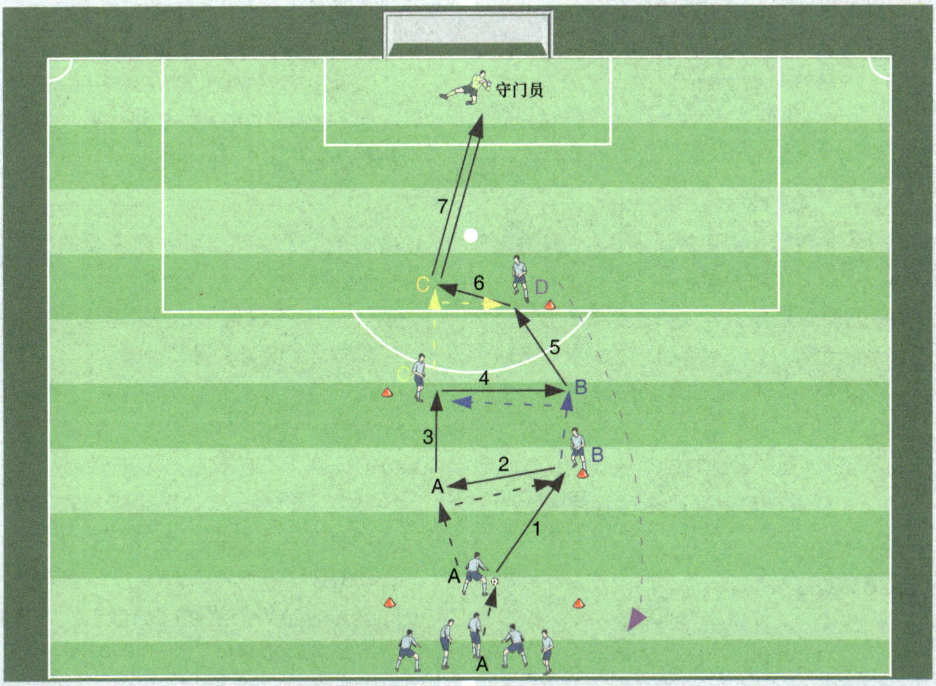

训练目的
- 球技（触球）

训练重点
- 传球
- 射门

训练方面

技能方面：	一脚传球、踢墙式传球、传球经过多个位置、短传、控球、从中路进攻、组合进攻
年龄层次：	15岁以上
难度级别：	高级、专业
训练类型：	分组训练
训练架构：	要点/重点、小结
目标：	进攻行为、提高个人技能
参训运动员总数：	8名或8名以上的运动员
参加的运动员：	整支球队
训练场所：	任意
空间意识：	半场、限定比赛场地
时长：	15～25分钟
生理机能：	足球特定耐力、力量和速度
守门员：	2名守门员

组织

如图所示分别使用4个锥桶设置2组训练路线。几名运动员带球站在开始锥桶位置。其他锥桶位置分别站1名运动员。有1名守门员参加训练。

过程

运动员A将球传给运动员B，运动员B将球从空中传给跑动中的运动员A，同时跑向运动员D。运动员A将球传给运动员C，运动员C将球传给运动员B，运动员B朝球门跑动。运动员B将球传给运动员D，运动员D将球传向运动员C跑动的位置。运动员C接球并射门。除了加入另一组开始位置的运动员D，其他所有参与传球的运动员都跑到下一个位置。可以同时在两条路线上开始训练阶段。

可供选择的方式

- 运动员A直接将球传给运动员C，运动员C再将球传给运动员B等。

- 在与运动员B完成二过一传球之后，运动员A将球传给运动员D，同时运动员D将球传给运动员C。
- 运动员A以长传方式将球传给运动员D。运动员D可以选择将球传给运动员C或者自己尝试射门。

诀窍

重点是培养运动员以快速变化的方式从中路突破射门。

- 好的技术、触球和传球是非常重要的。
- 传球必须具备力量和准确性。
- 准确性比速度更重要些。
- 必须一直保持精神集中。
- 必须保持不断沟通。
- 必须定期测试运动员在带球和不带球的情况下预期、意识、反应和跑动的速度等能力。
- 练习，进行训练阶段的演习、短传以及各种不同的足球训练组合。

场地大小

半场。

每组每个锥桶之间的距离：5~8米。

器材

2个正规球门，8个锥桶。

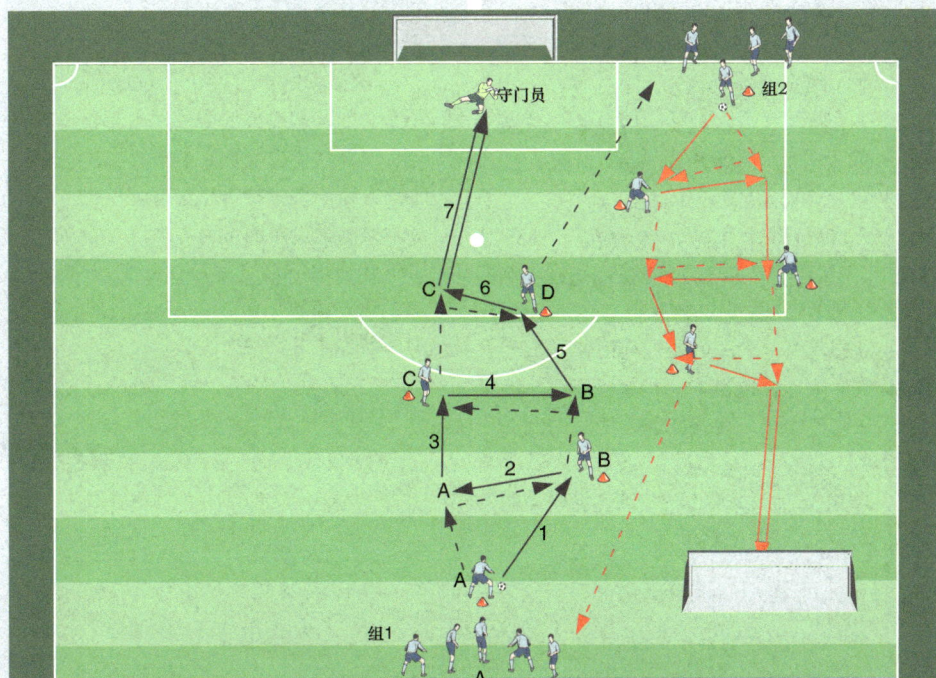

81 以不同的传球和跑动方式传球 I

训练目的

- 球技（触球）

训练重点

- 传球

训练方面

技能方面：	一脚传球、传球经过多个位置、短传
年龄层次：	17岁以上
难度级别：	高级
训练类型：	分组训练
训练架构：	热身、循序渐进、要点/重点
目标：	进攻行为、提高个人技能
参训运动员总数：	6名运动员
参加的运动员：	整支球队
训练场所：	任意
空间意识：	限定比赛场地
时长：	10～20分钟
生理机能：	足球特定耐力、速度耐力、力量耐力、力量和速度

组织

如图所示放置3个锥桶。每个锥桶位置各站2名运动员。

过程

运动员A将球传给运动员C（1），同时运动员B往侧边跑动2～3米以便接住运动员C的传球（2），接着运动员B再以一脚传球方式将球传给运动员D（3）。

运动员D将球传给在完成第一次传球之后现在跑到中间锥桶位置的运动员A（4）。运动员D在完成传球之后跑向运动员A的位置，同时跑向中间锥桶位置。运动员A从空中将球传向跑向球的运动员C。运动员C在完成传球之后开始跑动同时向运动员F传球（6）。

运动员A占据运动员C的位置，同时运动员D占据运动员B的位置。

现在运动员F按照上述传球方式重新开始训练。

诀窍

- 这个训练要求大量的跑动和阅读比赛的能力。
- 运动员需要一定的训练时间才能够记住动作。
- 必须具备良好的传球技术和组合。
- 准确性比速度更重要些。
- 必须一直保持精神集中。
- 必须保持不断沟通。
- 必须定期测试运动员在带球和不带球的情况下预期、意识、反应和跑动的速度等能力。

锥桶距离

锥桶之间的距离：10米。

器材

3个锥桶。

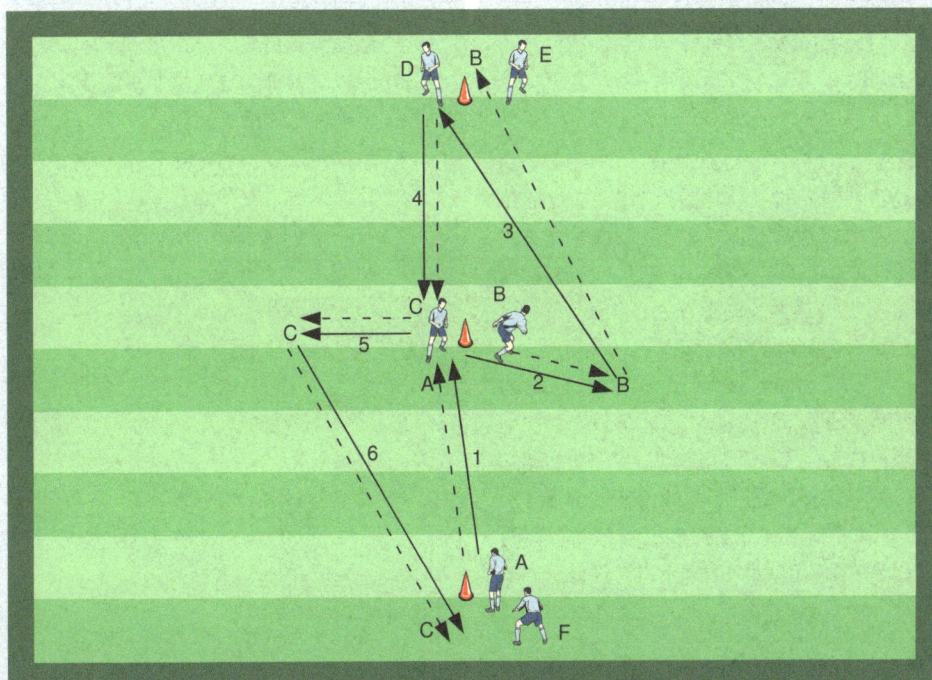

82 以不同的传球和跑动方式传球 II

训练目的

- 球技（触球）

训练重点

- 传球

训练方面

技能方面：	一脚传球、传球经过多个位置、短传
年龄层次：	17岁以上
难度级别：	高级、专业
训练类型：	分组训练
训练架构：	热身、循序渐进、要点/重点
目标：	进攻行为、提高个人技能
参训运动员总数：	5名或5名以上运动员
参加的运动员：	整支球队
训练场所：	任意
空间意识：	限定比赛场地
时长：	10～20分钟
生理机能：	足球特定耐力、力量和速度

组织

如图所示放置3个锥桶。2名或2名以上的运动员站在开始锥桶位置和中间锥桶位置。1名运动员站在其余的1个锥桶位置。

过程

运动员A向正在向运动员A移动的运动员B传球（1）。运动员B的第一个动作是向运动员A传球（2），接着运动员B在完成传球之后向后跑动。运动员A以一脚触球方式（3）向运动员C传球，运动员C接球后同样以一脚触球方式向运动员B传球（4）。运动员B将球传给运动员D（5）。

运动员A向中间锥桶位置跑动，运动员B占据运动员D的位置。运动员C仍站在中间锥桶位置。运动员D加入开始锥桶位置。

接下来开始进行相同的传球组合训练。运动员C取代运动员B完成三次跑动，同时运动员A取代运动员C的角色进行训练。

诀窍

- 运动员需要一定的训练时间才能够记住动作。
- 必须具备良好的传球技术。
- 传球的力量和准确性非常重要。
- 准确性比速度更重要些。
- 必须一直保持精神集中。
- 必须保持不断沟通。
- 必须定期测试运动员在带球和不带球的情况下预期、意识、反应和跑动的速度等能力。
- 练习，进行训练阶段的演习。

锥桶距离

锥桶之间的距离：10米。

器材

3个锥桶。

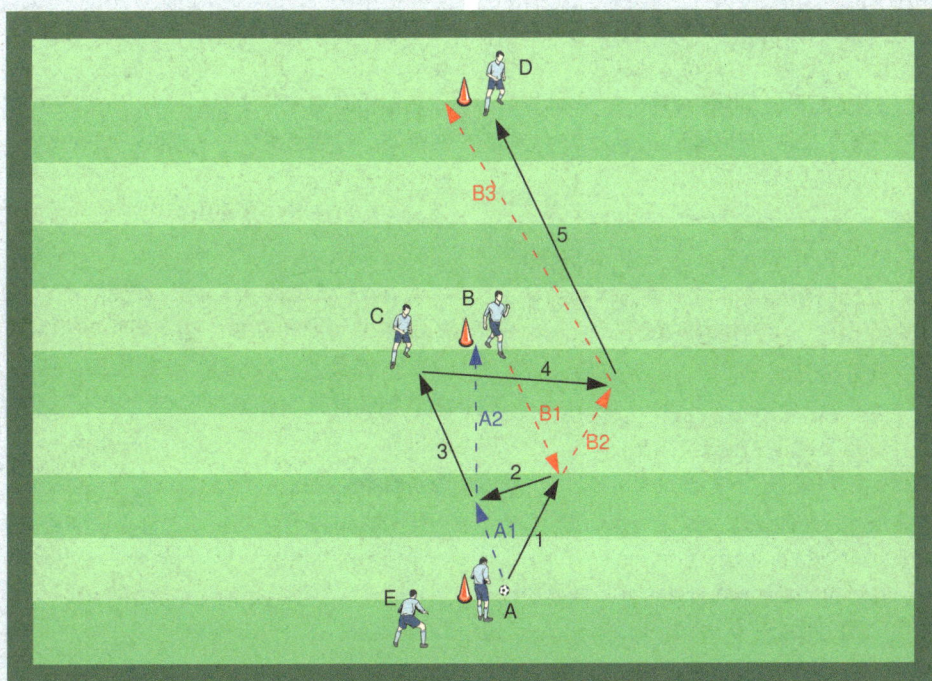

训练目的
- 球技（触球）

训练重点
- 传球
- 射门

训练方面

技能方面：	一脚传球、传球经过多个位置、短传、控球、足球专业冲刺、协调和射门训练、中路进攻
年龄层次：	17岁以上
难度级别：	高级、专业
训练类型：	分组训练、团队训练
训练架构：	要点/重点、小结
目标：	进攻行为、提高个人技能
参训运动员总数：	10名或10名以上运动员
参加的运动员：	整支球队
训练场所：	任意
空间意识：	限定比赛场地
时长：	10~20分钟
生理机能：	足球特定耐力、爆发力
守门员：	1名守门员

组织

如图所示使用6个锥桶设置2组训练路线。2名或2名以上的运动员站在开始锥桶位置。2名运动员站在中间锥桶位置。1名运动员站在最靠近守门员的锥桶位置。1名守门员站在球门里面。

过程

左边和右边的组轮流完成传球练习，同时在球门前根据进球结果进行跑动变化Ⅰ和Ⅱ训练。运动员开始决定采用哪种变化方式进行训练。

变化Ⅰ

运动员A将球传给运动员C（1），运动员B向侧边跑动2~3米以便将运动员C传过来的球以一脚传球方式传给运动员D。运动员D尝试射门。

运动员A跑向中间锥桶位置，同时运动员B占据运动员D的位置。运动员C站在中间锥桶位置。运动员D到开始锥桶位置。

变化Ⅱ

运动员Z将球传给第一个动作是跑向运动员Z的运动员X（1）。接着运动员X将球从空中回传给运动员Z（2），然后在完成传球之后继续跑动。运动员Z将球以一脚触球方式传给运动员Y（3），运动员Y接着以一脚触球方式从空中将球传给运动员X（4）。运动员X将球传给运动员W（5）。运动员W尝试射门。运动员Z在完成传球之后加入中间锥桶位置。运动员Y仍然站在自己的位置上。运动员X在完成三次跑动之后到最后锥桶位置。运动员W到开始锥桶位置。

可供选择的方式

- 进球得分比赛。两支球队计算各自的进球得分。
- 可以在训练中增加第二个球门。

83 以射门方式传球 Ⅲ

诀窍

- 重点是培养运动员从中路进行不同的快速传球组合训练。
- 好的技术、触球和传球方式是非常重要的。
- 传球必须具备力量和准确性。
- 准确性比速度更重要些。
- 必须一直保持精神集中。
- 必须保持不断沟通。
- 必须定期测试运动员在带球和不带球的情况下预期、意识、反应和跑动的速度等能力。
- 练习，进行训练阶段的演习、短传以及各种不同的足球训练组合。

锥桶距离

12米。

器材

1个正规球门，6个锥桶。

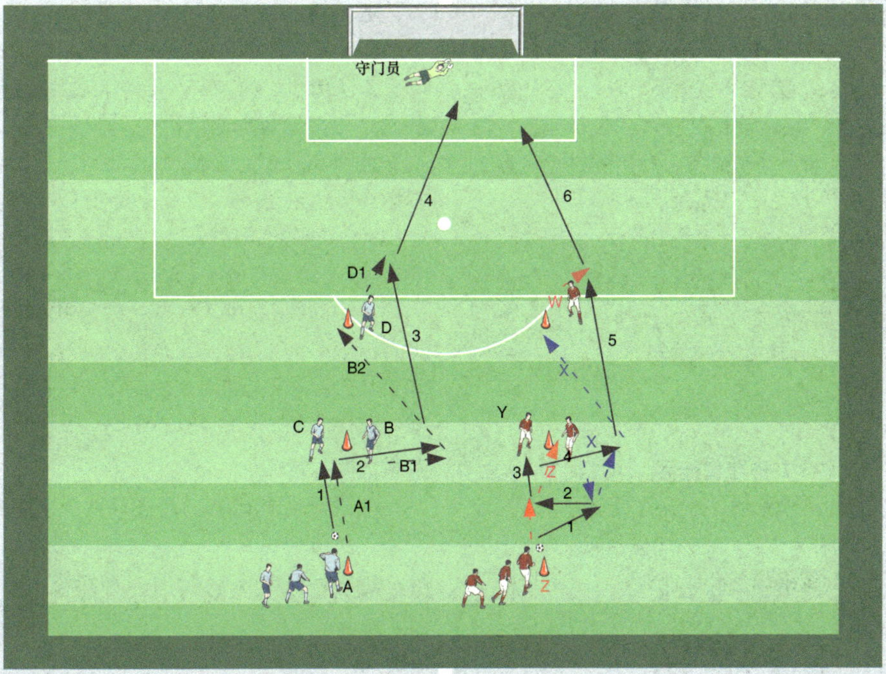

训练目的
- 球技（触球）

训练重点
- 传球
- 射门

训练方面

技能方面：	一脚传球、传球经过多个位置、短传、控球、足球专业冲刺、协调和射门训练、中路进攻、打开守门员防守场地
年龄层次：	17岁以上
难度级别：	高级、专业
训练类型：	分组训练、团队训练
训练架构：	要点/重点、小结
目标：	进攻行为、提高个人技能
参训运动员总数：	10名或10名以上的运动员
参加的运动员：	整支球队
训练场所：	任意
空间意识：	限定比赛场地
时长：	10~20分钟
生理机能：	足球特定耐力、爆发力
守门员：	1名守门员

组织

如图所示使用6个锥桶设置2组训练路线。2名或者2名以上的运动员站在开始锥桶位置，2名运动员站在中间锥桶位置，同时1名运动员站在最接近球门的锥桶位置。1个球门和1名守门员。

过程

左边和右边的组轮流完成以射门进球为最终目标的变化 I 和 II 训练。传球的运动员决定以哪种变化方式跑动。守门员以抛球开始训练。

变化 I

运动员A将球传给运动员C（1），运动员B向侧边跑动2~3米以便将运动员C传过来的球以一脚传球方式传给运动员D。运动员D尝试射门。运动员A跑向中间锥桶位置，同时运动员B占据运动员D的位置。运动员C站在中间锥桶位置。运动员D加入开始锥桶位置等。

变化 II

运动员Z将球传给第一个动作是跑向运动员Z的运动员X（1）。接着运动员X将球从空中回传给运动员Z（2），然后在完成传球之后向后跑动。运动员Z将球以一脚触球方式传给运动员Y（3），运动员Y接着以一脚触球方式将球传给运动员X（4）。运动员X将球传给运动员W（5）。运动员W尝试射门。运动员Z在完成传球之后到中间锥桶位置。运动员Y仍然站在自己的位置上。运动员X在完成三次跑动之后站在最后锥桶位置。运动员W到开始锥桶位置。

可供选择的方式

- 进球得分比赛。两支球队计算各自的进球得分。
- 可以在训练中增加第二个球门。

诀窍

重点是培养运动员从中路进行不同的快速传球组合训练。

- 好的技术、触球和传球方式是非常重要的。
- 传球必须具备力量和准确性。
- 必须一直保持精神集中。
- 必须保持不断沟通。
- 必须定期测试运动员在带球和不带球的情况下预期、意识、反应和跑动的速度等能力。
- 练习，进行训练阶段的演习、短传以及各种不同的足球训练组合。

锥桶距离

12米。

器材

1个正规球门，6个锥桶。

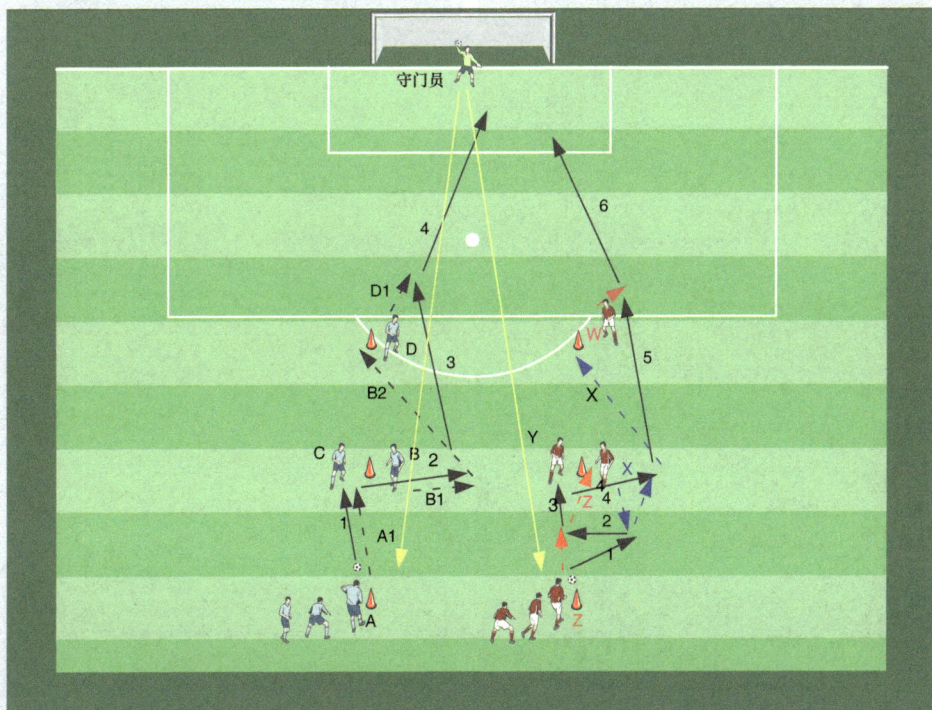

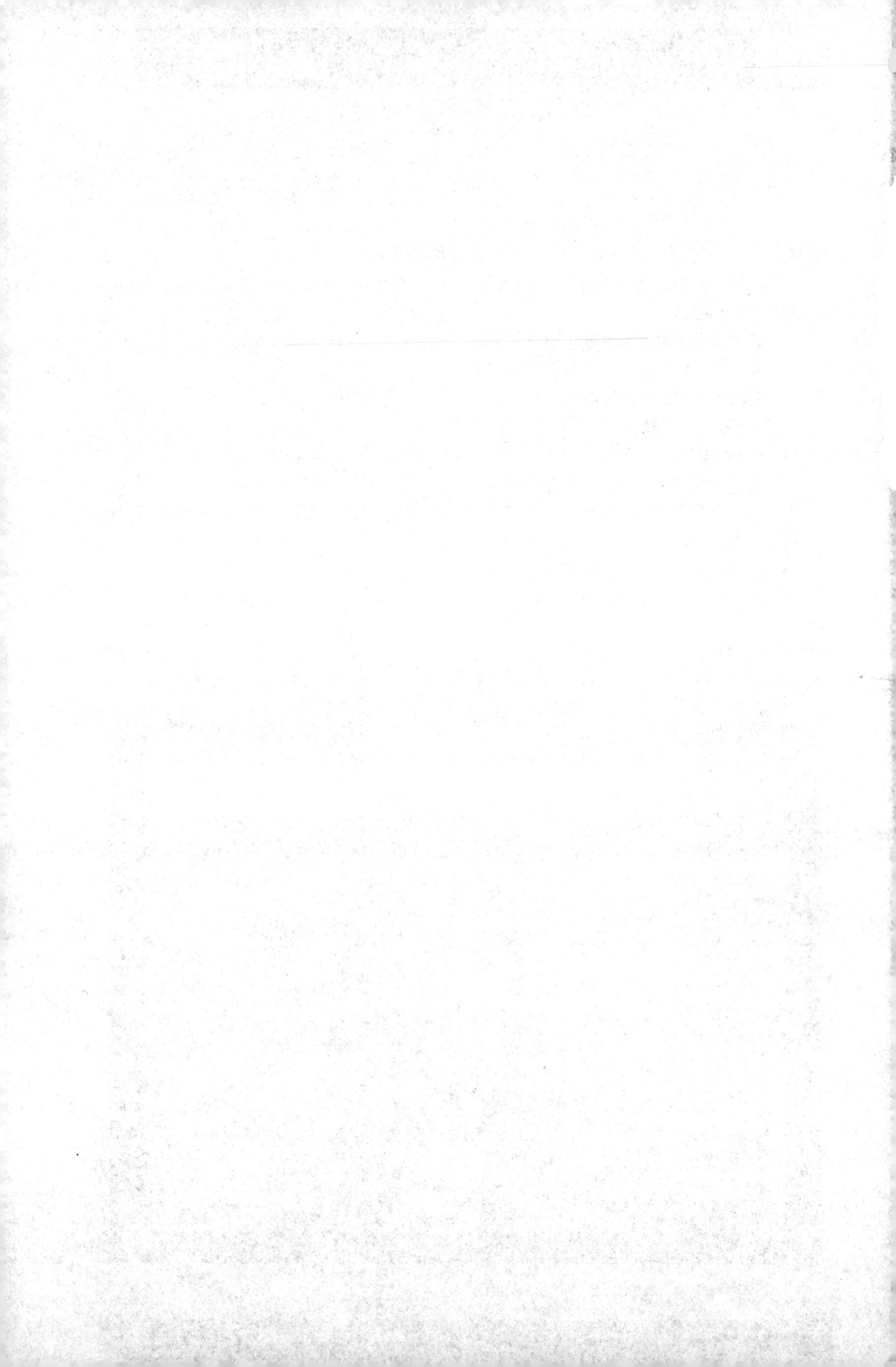